EMPOWERMENT

エンパワーメント・プログラム

あなたが変われば、世界が変わる。

谷口正和
Masakazu Taniguchi

ライフデザインブックス新書

はじめに

いま、新しい社会をつくるとすれば、あなたはどんな社会を創りたいだろうか。

コロナに余儀なくされたとはいえ、この世界的なカオスから、次のステージに向かって、いかに夢をもってエネルギーを注ぎ込むかを、本書の中で、色々な角度から話していきたいと思う。

『エンパワーメント』という概念は、様々な分野で注目されている、古くて新しい概念だが、本書における『エンパワーメント』は、ビジネスの現場で使われる「権限移譲」や「能力開花」などの狭義の意味に留まらず、より広義な意味で、人々を勇気づけ、励まし、人間が本来持っている、生きるための素晴らしい力を引き出すためのキーワードとして提示したい。

我々は、コロナ・パンデミックを初めて世界体験した新しいジェネレーションであり、世界の共感対話によって生まれる、言ってみれば地球社会的な学習というものによって連携を組みやすい状況にある。我々の前には、次のステージへの課題が明らかに可視化されている。その課題を解決したあとの地球経営は、エコロジストとアーティストが主役になるという認識が一人ひとりの意識の中に現れるだろう。地球という生態系の一部として認識することで得られる自己認識、そして、地球に求めるだけでなく、自分自身をいわゆる内なるイノベーターとして、クリエイティブな人生への気づきと、自分らしく生きるとはなにかという問いかけが連鎖したとき、新たな連携と相互共感が生まれるのだ。

同時にそれは一過性のものではなく、持続力を求められることになる。つまり今日『サステナビリティ』ということがしきりに言われるのは、我々は続けることでしか力を蓄えられないし、知恵は磨かれないからである。この持続が成功することで、相互協力する社会構造と、個人が自分らしく生きることとは、相矛盾なく繋がり合うことができるということである。

いま我々は、国内の発想ではなく、世界から、地球から、日本を見直すという視点に立たなければならないことに、もう一度気づき直し、固定概念から出てくる呪縛を自ら解いて、翼を持った自由な存在になれるかどうかが問われている。

パブリックマインドを失い、自分の身近な損得勘定だけで、都合のいい話だけを摘まみだし、それを論点にして社会論争しているつもりになっている社会から、次のステージへ移行しよう。一人ひとりが自らの生き方を顧みて、生活の選択を超えて、生き方の選択をしよう。そしてより安心で、安全で、命を守り、家族を守れるような選択肢を求めて、人々が行動を変える姿が世界にはいま、はっきりと顕在化している。重要なのは、その変化を素直に映しだし、それを活用できるようなピュアな精神を持つことだ。透明感の高い素直さこそ、変化を活かすことができる。

そうした変化に向かって、我々の背中を押してくれるのが『エンパワーメント』というキーワードだと着目して、エンパワーメント・プログラムというアイデアノートとして本書を編集させてもらいたい。三つの章で、ソーシャル・エンパワーメントというパブリックなエンパワーメントと、自分で自分を鼓舞するという自己学習・ケーススタディによるパーソナル・エンパワーメント、そしてその二つを結ぶ、メディア・エンパワーメントを考察したい。

情報社会は、メディアの窓を開けば、どこに住んでいても年齢性別あらゆる属性に関係なく世界を感知することができる。

一人ひとりがもっている力量を顕在化させれば、たった一人が世界へと語りかけることができる時代へ、我々はいま向かっている。

二〇二一年　七月　谷口正和

masakazu
taniguchi

social
next concept
solution
only one
empowerment
Program
impression
originality
media
idea souce
news
Jurnal
start up
strate-gy
Personal
Interest
screenplay
drama
Spread through
fair & peace
influence
update
empower-ment
world view
worldwide
pro-gram
Spiral Shell
inovation
theory & meethod
Stop end

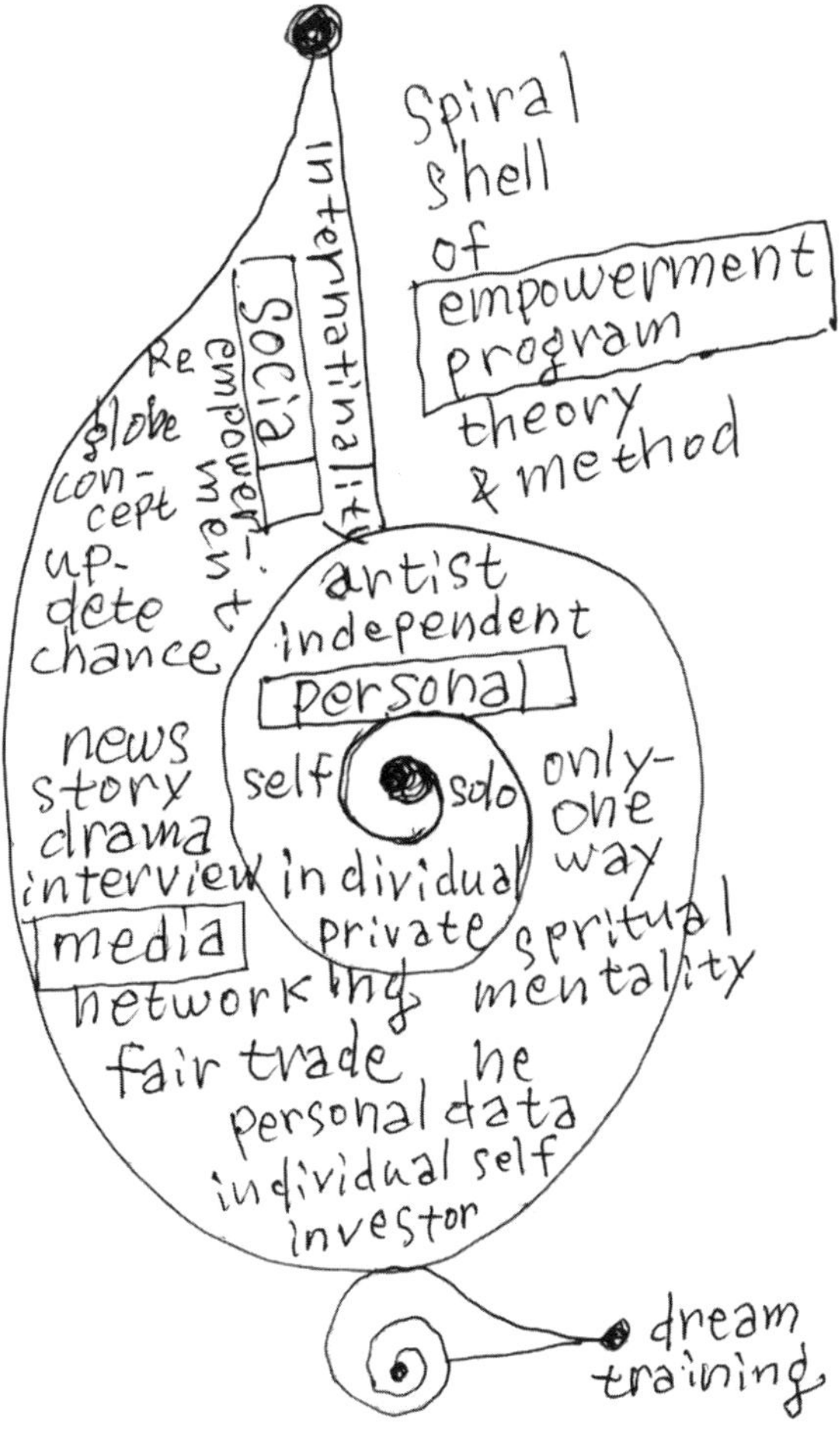
spiral shell of empowerment program theory & method
internatinality
socia
empowerment
Re globe concept update chance
artist
independent
personal
self
solo
only-one way
news story drama interview
media
individual
private
spritual mentality
networking
fair trade
he
personal data
individual self
investor
dream training

序章　カオスの中に見えてくるもの

高度成長期に代表されるような、工業と生産性と総量形成というもので、すべてが最大化を目指し、モノが余って活かしきれない社会。我々は、いまそこに立っている。そして金融型の経済構造の中で、格差があらゆるところで現れ、自国主義にはまり、自ら行き詰まっている。自ら地球資源を枯渇させ、その影響がファクトとしてでてきているにも関わらず、国際機関も機能しない。その一方では、民族主義を唱え、いままでの社会構造を変えられずに、差別の側に立つようなより戻しさえも行われている。

こうした利己主義、自国主義の対抗馬としてでてきているのが心理的共感論である。これを稼働し活性化させているのが、情報化社会がもっている様々な変化を再編集して届ける機能、そしてその情報によって、人々が変わることができるという学習効果である。その学習効果というものが、いま盛んに深まりつつある。コロナ禍で否応なく、自己の内なる旅が始まり、学習し、一つの趣味を本業にするような付加装置として、家にいる時間の組み換えというようなものを含めて、新たな発見と活力が生まれつつあることも知っている。
こうした変化を後押しするものとしての『エンパワーメント・プログラム』という認識論を踏まえて、我々は、エネルギーを持って前を向きたい。新しい力の価値、新しい生き方の意義と意味を自分に付加しながら、未来に向かって理想を掲げて、少しでも進もうというエネルギーが我々の中で後押しをする。そのエネルギーがどこにあるのか、次のリーディング・エネルギーにするために、どう引きずり出せばいいのかを考えていきたい。

こういう視点で見ると、いまは、自粛によって縮み、耐えなければならないことばかりだが、我々は何に耐えているのか。そういう本質への問いかけがいま必要なのである。それはコロナ禍で始まったことではなく、平成の失われた三十年という年月の中、ずっと向き合わずにきた表層的な日本社会にストッパーをかけ、何が何でも本質を考えざるを得ないという環境を、新たな糧にし

て、次のエネルギーのソースとしてより心理的な、哲学と思想の時代に移行しようとしている。思いというものを後押しするのは、『メッセージ』である。メッセージは、人々の心に刺さるヒントとなる。そういうものが問われているとき、そこに『エンパワーメント』というキーワードがでてくるのである。次のステージに進むための力を整理しておくことが大事であり、勇気づけの大きなファクターになるのではないかという期待を込めて、このエンパワーメント・プログラムをまとめていきたい。

生かされていない力

不要なものを無理やり使っていくために、似たようなコト・モノが溢れている。使っていないもの、生かされてない物ほど、力を蓄えている。実は我々が近代化の中で見捨ててきた、見逃してきた自然やローカルの中にこそ、むしろ回帰すべき本質があり、我々の立脚点がある。しかし、すでにある力の整理学は、ほとんど進んでいない。個人の問題としてみた場合、自分に何が足りないかばかりに目を向けている傾向があるが、自らが自己創造し、自己解決するという、自分の中にある自発的行動力に認識を戻しておかなくてはならない。過去の成功体験とぬるま湯の中で、やってくれない族のような不満と苦悩というネガティブな思想を形成してきた結果である分断と格差を、どう修正するかということよりも、どのような構想によって、再生し、生まれ直して立ち上がることができるかというエネルギーに対する流れを加速する必要がある。

そういう意味で、自分たちが見てこなかった、見過ごしていた、見捨てていたものを、次世代に対する知恵と行動の引き出しと見たとき、我々の多彩な引き出しのカギが、古くなってさび付いたところも、磨いて再び使えるようにする、という認識と重なってくる。

変化が整理され、活用学として生かされるように、使いやすい認識論にする。だらだらとしたプロセスを圧縮して、Q&Aのように何度も循環して活用できる、問題の発見と解決に、油の差込みをするような課題整理学が必要である。

大きな問題は、小さな問題の連鎖でしかない。そしてその問題は、たった一人のあなたに問いかけられている。自らが自らを鼓舞し、自らの中にどうモチベートするかという認識や方法論を気づき、自己整理学をすることの必要性が顕在化している。我々は、それをパーソナル・エンパワーメントと呼ぶ。

自分自身の中に宝があり、発見があるのであって、何か面白いことを探して、ただ歩いているような旅人であってはならない。自分自身に知的・美的・感覚的鍬《くわ》をいれなければならない。コロナで家にいる時間が増えたことで、一人ひとりが持っている可能性を掘り起こす時間が、いま十分にある。

ローカリズム・小口化・小型化

地球社会に大きなファクターとしてでてきたのは、地域社会の連鎖である。つまりご近所の組み合わせが次のステージへの足掛かりとなる。ここに、大きく区分けされたように見えながらも、実はたった一つのことに集約されるということに対して、潮流を起こそうという流れがある。

一番小さな単位である個人・家族・ご近所がひとつの生産単位になり、自立、自己解決する領域を深めていけば、継続と自信になり、ローコスト・オペレーションで、連鎖しやすい経営の構造ができる。

企業においても、より小型化することによって稼働力を上げることができる。大企業は、中小企業の組みあわせに変わる。会社を小型化するスモーラー・コーディネーションは、様々な分野で起きている。まず小さな単位の組み合わせの中で精度を上げ、それを総和する。それを世界をリードするような未来ビジョンと符合させていくことで世界化し、世界の中で磨く。その努力が共通目標を持つ地球社会の別の担い手とつながる。それが、ネットワーク社会である。

学習、選択、決断

時代は一直線に変わっていくことはできない。揺り戻しを受けながら、半分は過去を引きずり、半分は未来に対して種を撒き、種が育てばその力を借りて、もう半分を引き寄せ、そしてさらに過去の半分が先鋭的に絞られ、段階的に本質化する。ジグザグ行進のような、二分の一の階段の昇り方が、カオスの中での進み方である。行きつ戻りつというような形で、先手と後手を行き来するしかない。コロナ対策のように、未経験のことは後手にならざるを得ないような場合もある。そういうときに、他者の体験を学習の積と考え、それを活用するような素直さを持ち合わせれば、ジグザグ行進ではあっても前に進むことができる。

日本は、東日本大震災で起きた原子力発電事故を、そこに残存する放射線によってフクシマがいわれなき風評被害をうけているような話で整理され、エネルギー問題という本質的な問題を脇に置いているように見える。ドイツはフクシマを学習ソースとして、以後全面的にクリーンエネルギーに方向変換し、集中投資をするということをやっている。

事実に対して何を学んだか。リアルであっても、バーチャルであっても、他人の山であっても、我々は学ぶことができる。それを行動に変える勇気とそのときのリーダーシップが必要なのである。そういう意味で、ドイツにとって大事な決断が必要なときにそこにいたのが、メルケル首相だった。当時も、今回のパンデミックでも、決断がリアリティをもってなされなければいけないとき、つまり本当に次世代のことを考え、私たちがここでいまスイッチを切らなければ、未来に禍根を残し、絶対にしてはならないという生命主義を牽引したのは、母であり女性であるという直観的な判断力であった。それを瞬時に、一気に決断していることに素晴らしさがあると、世界が指摘している。

すでにエンパワーメント・プログラムとして、このワードと一緒に社会化してきたものの一つとして、ウーマン・エンパワーメントが挙げられる。女性に権限移譲し、その力を借りて、凝り固まった、いわゆる権力闘争にしか流れを作れなかった男性から、プレイヤー・チェンジし、ステージ・チェンジもしていくことが、ますます重要になっている。

メディアの役割と情報を受け取る素直さ

情報化社会におけるメディアのおかげで、興味深く思うことのフックになるものを早くから与えられやすい環境にある。メディアの力を借りれば、どこに住んでいても年齢に関係なく世界を感知することができる。

アラブの春という革命の嵐も、人々が映像を見た結果、連鎖した側面が強かったと思う。自分たちが映し出されている映像を、理想の窓口として、ニュース

masakazu
taniguchi

として、ドラマソースとして見ることができる。今日生き方が強く問われるのも、生き方によって、その人の存在の仕方や役どころが、大きく映しだされる効果がメディアにあるからである。

子どもたちは素直である。メディアに映し出される姿を見て、素敵だと思う、スポーツ選手になりたいと思う、お花屋さんになろうと思う。映し出された情報世界によって、気づきと興味にフックをかけられ、短期的な明日の目標設定になる。そしてほとんどの情報は、世界の中で流動している新たな変化である。その中で、興味関心が高いもの、あるいはたった一人で始めたものを生き様として興味深く公開すれば、それに共感した人が集まり動く。それは池に石を投げると波紋が連鎖するのと似ている。そしてそれは、水面が静寂を保ち、透明感があればあるほど移りやすい。一番重要なのは、変化を素直に自分に映しだす力、それを活用できるようなピュアな精神、浄化された心理である。透明感の高い素直さこそ、変化を活かすことができる。

個人知・全体知

世界にはいまコロナ禍にありながらも、未来に向かって人々が行動を変える姿がある。それに対してストッパーをかける今日の大きな課題には二面性がある。人は、自分が生きるために選択すると同時に、自分が死んでも、次の世代が生きるように選択するということがあり、その二つの連携の中で、全体像が映し出されて理解される。常に情報化社会の中ででてくる情報は、視覚情報を大きなてこにしながら、その大きな判断が、全体知として地球を考えたときにどうだろうかと考える逆説的な映し出しもしている。

そして、いま、もう既に、世界の中で国という単位より都市という単位、都市というよりもう一つ小さな、コンパクト・ライフスタイル・ビレジというような単位で、日常の幸福や自分たちの存在を顕在化させ、参画できる小さな文化圏というものが調和して連鎖して世界を形成している。徐々に国という役割が薄まり、次の単位のなかで、相互に立脚しながら、全体が回転し、回数化し、そのことによってまた全体が変わっていくという社会学的理解というものにも気づきつつある。従来あった、利権と国益が、そういう新しいものと総和しながら、どちらに流れていこうとしているのか、我々は、どういう大海に船を出そうとしているのか見ることができる。一つひとつは小さな船だけれど、それが連携しながら地球全体を一つの流れのなかで一人がもっている力量を顕在化することが可能になる。

エンパワーメントする一人ひとりが、社会的なエンパワーメントのソースを引き受けているグループと生きることを選び、暮らしの拠点としたライフスタイルビレジという地域社会で、互いに他者貢献をする社会がやってきているという認識を共有することが大切である。

一人はみんなのために、他者貢献を交換しあうことによって友愛や寛容が大きなエネルギーとして存在するようになる。これを一つのプログラムとして、さまざまに連鎖させると同時に、一人ひとりにどうやって力を引き出してあげるかということに対する社会的配慮や個人的配慮や自己配慮や、友人への配慮を複合したエンパワーメントが、未来の大きな流れの一端を引き受ける小切手となり得るということを提示したい。

ドラマは始まっている

コロナとオリンピック問題で、日本のリーダーと呼ばれる人が、どんな人物なのかを、世界が見ている。メディアによって、世界がそれを知る速度が急激に速くなっている。ミャンマーのクーデターもリアルタイムで知ることができる。見えざる次へのシナリオが急速に顕在化するケースもあれば、悪いシナリオが炙り出される可能性もある。これがドラマ、舞台型の社会構造である。こうしたシナリオによって、全体がリセットされていくとすれば、曖昧模糊として何の役に立っているかわからないようなものが消え、古い構造の中にはまったものが整理され、消えていき、業界別の企業の盛衰を決めていくだろう。

例えば、アパレルは、日本の商業サービスの中では大きな割合を占めた時期もあったが、それを過ぎてもまだ、着るための服をアパレル業界の中でだけ考え、なんとか生き延びようとし、合同利益主義だけにしがみついてきた。バリューチェーンの構造を社会的にいくら擁護してみても、所詮自分たちは提供者として、自分たちだけが得するようなしくみの中でモノを売っても、それに対してエンドユーザーが気づき、メディアを通じてシティズンシップが公表され、暴かれ、そして衰退していく。そういう構造がよく見える。

次のステージにドラマが移っているにも関わらず、第一幕をずっと引きずっているようなものである。

せっかく衰退してくれているのだから、それは新たなドラマに対応を迫られているチャンスだとみることができず、想像力を欠いた社会を引きずり、利権という価値がのさばっている社会を残して、変化に対して前向きになる社会的トレーニングのチャンスを自ら失っている。そういう意味で言うと、ここまでくれば、何も恐れることはないところまできている。

次の大きな牽引力として、新しい思想の連鎖が起こるだろう。誤解を恐れずに言えば、パンデミックに早く会えばあうほど、共同生命体験ができ、見えざる者によって、我々自身が生きるとは何かを問いかけざるを得ないという状態が連鎖する。そしてそれによるドラマ・シミュレーションは、一人ひとりを磨き上げる。その人たちの力をどう引っ張り上げるかは、この地球全体にとって、人類にとってのエンパワーメントとなる。

シミュレーション社会

我々は、情報を使って、想像を喚起し、知識や変化を知ることによって学ぶ。学ぶことによってヒントを得て、そのヒントによって自分の考え方、心理を徐々に変化させる。

埋もれている力、使われていない力を借りて、一気に社会構造の変革を進めることができる。誰かが、古い概念に捉われ、失敗したように見えたとしても、それが発火点になり、様々なうねりを引き出し、次の価値社会に対する想像力を蓄えた時代となる。従来は、失敗を次の価値社会への足掛かりとできず、前例にならって落としどころを見つけるようにしてきたが、今日は、想像力が変化を生み出し、変化をチャンスとして見極め、新たな一歩を踏み出すことができる。

ここで我々は、シミュレーションという認識をもっておくことが重要である。シュミレーション・トレーニングは、それぞれの中で、すでに気づいていることを外に出す訓練や方法論である。情報化社会では、それを伝える伝播速度が速いため、SNSに限らず、様々なメディアミックスの構造の中でそれを再確認できる。少し遅れたメディアは、先行するメディアを取材するという形で繰り返しそのことが伝えられ、ますますシミュレーションの大きな社会潮流が一つの価値軸を提示する。それが連鎖し、実際に稼働するためには、多面的な支持行動が必要になるが、それを押し戻すことは難しい。少しでも前に向いた流

masa
kazu
tanig
uchi

れを確認できれば、人々は納得することができる。

他国で起きたことは、自国で起きる、連鎖しやすいというのも、シミュレーションの力のおかげである。情報化社会を、そういった情報の連鎖によって、ひとつの社会価値が急速に顕在化する社会の仕組みとしてみると、内在する力、いい知恵があれば来るべき地球社会で何回でも使い、磨くことができる。

シミュレーションという概念を前提とすれば、ひきこもりの人でさえ、情報の連鎖によって、自分が何を思い、何をひき起こしたかということへの気づきや心理的変化がおきる。それを顕在化させ、表に出すことでコミュニケーションを生み、伝え、表現することで、再活性できる。実際、ひきこもりの経験がある人が、その解決策を考えるとすれば、第一ユーザーとして考えたことを連鎖させる。それを横軸で意見交換すると流れが変わるということがあるだろう。

シミュレーション社会が教えてくれているのは、ある特殊な環境で起きたことは、垣根なき、シームレスな状態で公開されることができ、あり得ないことが、垣根なき目で見れば、どこにでも起こりえることだと認識できる。この想像力の社会、シミュレーション社会が大きな力をもち、未来社会で活用できるプログラムに対して着目とトライアルを繰り返すと、我々は、個人に積み上げられたものが公表され、伝播し、より多くの人に、構想力と想像力を付加し、活用できる。

ネガティブとポジティブ、否定と肯定、失敗と成功というように、区分けと分断の時代を過ごしてきたが、夜は必ず朝と繋がっているというような、回転する思考こそ、地球の生命力全体の活力になると気づかなくてはならない。そしてそれはいろいろな場面に転用できる。

つまり、シミュレーションは、転用する能力である。ケーススタディにしても、従来は区分けされた業種の中で語られやすいが、業界の中では同じ環境のものをシミュレーションしても限界がある。様々な業界の失敗を、成功に変えるような肯定的な認識が必要である。

これを可能にするのは心理や思想を包み込んだ視座の高いイマジネーションであり、ものを作っていくというようなクリエイティブなことではない。

いままでのビジネスでは、目に見えるものや、利害関係だけを繋いでいく構造だったが、その中側に隠れていた心理や思想と想像力をシミュレーションし、育て、全体を俯瞰する速度が速まっている。

見えないところでシミュレーションを連鎖させ、より早く思考が波及し、波及の渦が起こり、さらにその渦を読み解いていくことができる能力がでてこなければならない。

この能力の行きつく先は、何回か同じようなケースを経験すると、ケース学習のストックというものの活用が直観を形成し、見込み予測というものの精度や速度が進化する。そういうシミュレーション社会がきている。そしてそれが、情報心理型の社会構造を作っている。

ここに、想像力社会、大きな理解を集約するプラットフォームとしてシミュレーションが大きな柱として浮かび上がる。そして、シミュレーションを稼働させるためにエンパワーメント・プログラムを使い、連鎖させる。ひとつのエンパワーメントは別のエンパワーメントに繋がるのである。

変化と選択の連鎖

情報化社会で、シミュレーションのほかに、もう一つ戦略的な認識となっているのは、いわゆる選択の問題である。

選択というとき、通常三択くらいの準備が原則論としてあるが、本当は前倒ししてシナリオをつくってドラマを形成しておくことが重要である。オリンピック開催は、やるやらないとか、無観客でやるとか、様々なシミュレーションがすでにある。ただ、多様なシミュレーションがあろうが、大枠のシナリオと大枠の終わりが決まっていて、すでに書かれたグローバル・シナリ

オ、グローバル・ドラマがある中で、重要なのは、幕の開け方と閉じ方、話の始まり方と終わり方のシミュレーションをするということである。このシナリオによって、全体の総合的なドラマメイキングが明確になると、会場、音楽、衣装など、個別のことが明確になる。個別の話が先ではなく、まず全体が見通せれば、部分の精度が上がり、部分の精度が上がれば、全体の精度も上がるという連鎖が起こる。全体と部分は切っても切れないシミュレーションの関係になっている。

いま、社会で共通認識と課題の中心になっているのは、もちろん感染症社会である。パンデミックによってむしろ構想力を合わせていきやすい。感染症の克服という目標設定に対し、誰かがシナリオを描いて、最終的な着地をし、どんな社会になっていくのか、何を選択していくのかをシミュレーションしていかなければならない。

多少誤差があったとしても　重要なのは一点から始まり、点・線・面で波及し、地球全体の課題になっていくときには、先行事例や先行予測に引っ張られるようにしながら進んでいくということである。色々なアクティブデータ、現実を証明するものによって、シナリオの始まりと終わりが見えてくる。最初は、圧倒的に先進国のシナリオで、最初のケースの情報を握り、ファクト主義で得たエビデンスをもとに、社会説得力を形成し、始まったところに落とし込まれる。武漢から始まり、武漢が最初に抜けるストーリーがある。

変化と注目に値するニュースというものを形成しながら行動を早めなくてはならない。従来の考え方だと、ワクチンを急速に早められない。厚労省の判断は変化に適時対応するというよりも、決まったことをただなぞっていくだけである。そうではなく、速度をあげ、アバウトでもいいからあらゆる手段を多彩に取り込むことをクロスして一気に広がる波動を形成すれば、皆が支持するだろう。コロナを克服したあとの生命経済の新しい姿を形成し、それを祝う祭典として位置づけたオリンピックに、間に合うようにセットされているのだとしたら、それが、強くメッセージとして発信されなければならない。戦略的広報というドラマ・コミュニケーションによって、ドラマ・シミュレーションの構想全体が理解されるように速度をあげる。全体が市場性、マーケットと見た場合、シミュレーション・マーケティングというのは非常に新しい見方を与えてくれる。

このことを踏まえると、未来に対する我々のエンパワーメントは、過去に力量を置きすぎていた。過去がもっていた権限を、地球社会がもっているあるべき未来にドラマ・シミュレーションし、重なり合ったところに権限移譲しなければならない。日本は圧倒的にそれに遅れている。構造の連鎖ができない、想像力を欠いた社会を一気に稼働させる必要に迫られている。

ウーマン・エンパワーメントが、社会全体の大きなファクターになり、ブラックマターに代表されるような民族的多様性を無視できない時代に、一部のものだけが得をする古い社会は過去のスタンスである。過去の利権関係から、未来の理想に対して権限移譲することが求められている。

masa
kazu
Tanigu
chi

こう考えたとき、今日は、思想と哲学の時代と言われるとおり、一人ひとりの思いや動機づけが非常に重要になってきている。複合的に考えたときに、変化の時代は、固定的な主義主張を求めて磨くというより、むしろ流動性のある変化と選択の連鎖が未来に繋がっている。

繰り返しになるが、この本の編集の流れでは、トップバッターとして、新しいパブリック、ニューソーシャルを引き受ける、大きな戦略的選択・課題・着眼点を、ソーシャル・エンパワーメントとして提示する。

そして、パーソナル・エンパワーメントでは、自分を再発見することで、社会のなかの重要な活力として自分自身をキャスティングし直すことの重要性について考えたい。

そしてそうした流れを高速化している理由は、メディア社会の網の広がり、ネットワークの広がりであるということを再認識しなければならない。メディアを、工業社会の延長線上にある技術としてではなく、様々な『メッセージ』として捉え直し、ニュース、トピックス、変化は、さまざまな角度で繰り返され、連鎖し、波及が広がり、全体を理解することができる。それをメディア・エンパワーメントとして提示する。

この3つのエンパワーメントが、大きな流れとして共感を形成し、それを未来社会に活用できるような形で話を進めていきたいと思う。

第一章　ソーシャル・エンパワーメント

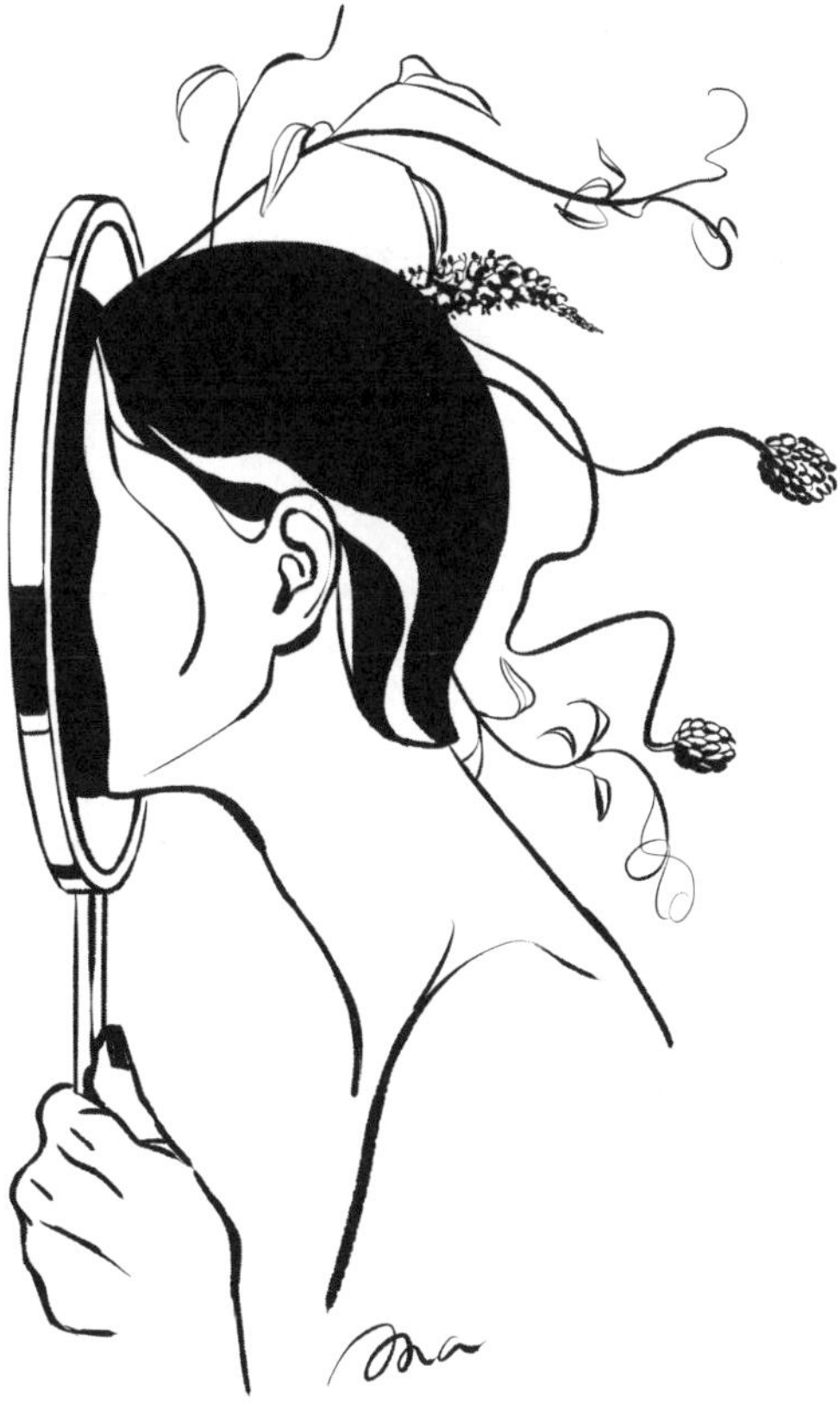

いま我々が欠如として思い込んでいることは、実は、社会を反転させるエネルギーになる。

欠如を埋めるために、漫然と何かを求める受け身の構造から脱し、受けたり与えたりできるような、自発的でクリエイティビティが高い関係性の構想力を発揮する時が、いまである。

外出が少なくなって溢れている時間を、タイム・エンパワーメントと捉え、次の社会へ早く移行せよ、というシグナルを受け取ることを繰り返すことによって、普段向き合わずに済むような問題を、今回のパンデミックは人々に気づかせるきっかけとなったのではないだろうか。自分の中に、くさびを打ち込むことができたという人々が増えているという傾向は、すでにいろいろな形で現れている。

このことは、様々な情報からシグナルを受け取り、それに対して我々が新しい期待と行動を伴って、肯定的未来論を土台とした未来社会への移行の速度を速めることができる可能性を秘めている。

我々が、社会そのものを勇気づけるソーシャル・エンパワーメントとして確認しなければならないのは、世界的共感が連鎖する速度と、共に未来を描く力というものは、相互に学習することから生まれるということである。そうして生まれた世界潮流によって、お互いが有機的連鎖をして、地球社会にとっての課題認識とビジョンを共有することが可能になる。

ソーシャル・エンパワーメントにおける新しい着眼は、日々多様にでてきている。

これから、そのような社会牽引力を、どのような項目に委ねたら良いのかという未来に対するエンパワーメントを整理していきたい。

ドリーム・トレーニング

社会を形成する大きな牽引力であった国家が力を失い、妙な権威主義や軍事政権が再びフィードバックしたり、物理的な力によって国民を抑え込んだり、トランプ政権もミャンマーも、作られたネガティブドラマに国民が付き合わされるということが起きている。そういうものに固執しやすい人がでてくるのは、国家を小さな利害集団という理解でしか見ず、地球社会がもっている未来論について、日頃から学習したり考えたり思考することがなかった人、そして人々が相互に助け合いながら生きるということをやはり哲学できなかった人たちが積み残されたようにいることを意味している。そういう人たちが間違った方向へ行かないようにするために、短期的な発想だけで対抗すると、陰謀説と暴力が渦巻くことになる。法治国家だといいながら、都合のいい法治を使い、国民のためと言いながら立ち上がった軍隊が国民を殺すというようなことが顕在化しているのを我々は事実としてみている。

社会を正しい方向へ牽引していくには、我々は、まず、未来に向かって、新しい希望を絵にかく練習をするしかない。それがドリーム・トレーニングである。あるべき、ありたい、あったほうがいいと願う。こういうものを話し合い、描く能力、語る能力がないまま、政治経済が論議されている。

不動産業は、土地開発に投資して、大きな企業がディベロッパーとして存在し、家賃収入を中心にして回収するというコスト構造になっている。しかし、高コストになればなるほど人々は離れていく。コロナ禍で、高い家賃のビルから人々はいなくなり、店舗や企業は、そこにいる物理的な理由が半減している。我々はそれを嘆いているばかりで、チャンスと見る練習をまったくしていない。世界的な連鎖学習の大きな構造の中で、もうあのやり方は無理なんだということではなく、新たに何かできるようになったというように、認識の見直しの整理学を身に付けていくしかない。

新しい未来像がなければ、昨日までの利権の延長上のまま、少し調節しようとする人しか出てこない。そうすると、私利私欲の中で、情報がクローズされ、むしろ閉鎖性が高くなる。

一緒にやっていこうという地球が起こしている風を感じて、変化を風や波のように共感する時が来ている。まずここで帆を上げるべき、具体的に顕在化した項目や方法論というものを整理し、未来に向かって希望の絵を描くドリーム・トレーニングをしなければならない。

サステナビリティ

様々な意味でダメージを受けている現代社会が、今回のパンデミックによってさらにダメージを受けたが、日本はこのダメージの連鎖をここで断ち切らなければならない。ダメージの反語がソーシャル・エンパワーメントと言ってもいい。ダメージを、新しい社会をスタートするためのチャンスに変える、チェンジング・プログラムとしてリードする項目は、明快なターゲットとしてすでにある。

その一つは、サステナビリティである。いま、世界にとっては、持続可能な社会にするためのグローバル・ゴールズへの投資が優先されるべき課題であり、この分野への先行投資に、世界はかなり注力している。地球社会全体、つまり生命第一主義の社会に対する投資が中軸になる社会がやってくる。

特に、サステナビリティの共同学習の構造のもとで、大きな注目点として上がってきているのがカーボンニュートラル社会である。脱炭素社会の実現は、環境や気候というような区分けされた論議を超えて、地球の中の自然生命体として、我々の力量が試されていると言っても過言ではない。

我々は打つ手を早めなければならない。世界が二〇三〇年や二〇四〇年を直近の目標設定としているときに、日本は二〇五〇年という言い方しかできないでいる。できることなら率先してその潮流にのるという姿勢を見せなければならないときに、この目標設定には現実味がない。

カーボンニュートラル社会を理想としたときに、汚れた空気を出さないということと一体となっているのが、リ・エナジーである。リ・エナジーというのは使ったエネルギーの7割〜8割を取り戻す構造をもったエネルギーのことである。走っていることで、使ったエネルギーの8割を取り戻せるようなクルマが誕生するのはいつになるだろうか。エネルギーを2割しか使わないクルマが誕生し、ロスがほぼゼロになるという構造が可能になれば、エネルギーはそれほど必要なくなっていくだろう。

いま大きな課題になっている新しいエネルギー開発の構造は、まだ規模に着目し依存し過ぎている。風力発電にしても、太陽光発電にしても、巨大な装置を使って発電し、それを送電するという大規模な事業が中心になっている。それをこれからもっと地域社会の中で、個別の自己解決のためのセルフエナジーとしてリンクさせ、使っていくモデルを一番リードしやすいのが、日本ではないだろうか。

日本は、小型の技術開発や道具の作り方には、世界より先行的な蓄えや力量をすでにもっている。送電や配電という装置に無駄に投資しなくても、むしろ蓄電バッテリーが各家庭に設置されるような流れになれば、それぞれの家の中で余剰電気を貯めることが可能になる。例えばクルマなら、ゴルフ場のカートのような、特定の地域で走るマイカー、ホームグラウンドカートというものが登場すれば、蓄電効果があり、電流を垂れ流しせず走ることができるだろう。このような自己解決型のセルフ・ソリューション・プログラムというものに対して、先進国の中でも先行する日本の技術を使って、戦略的な政治の力を投じ、代表的な自動車メーカーと電気メーカーが共同で小型のホームカートの受注を

Masakazu
Taniguchi

すれば、この分野で世界に先行できる可能性は十分にある。こういうことが、業界を超えた、未来に対するビジョンの連鎖と言えるだろう。このビジョンの連鎖と速度を上げるための予見を、我々は様々な分野ですでに可能性としてもっているのだから、これを先行し、発表することが重要で、さらに政府の予算が付いたということになればますます励みになる。未来社会創造のための具体的なテストチャレンジとして、大きな次の社会の課題解決の牽引を、日本はできる潜在力をもっている。気候変動とニュートラルに繋がった循環型社会構造に向けて、目標を共通化し、連鎖させる、相互学習とネットワークスピードが、ここでも力を発揮するだろう。

一方で日本は、ニューエナジーに関して「新しい原発」が話題になることがある。しかし、より小型化し、より安全なエネルギーを求めているときに、原発という、いわゆる未完の道具に固執していることは、次のステージに向かう行為というより、むしろすでに遅れてしまっている。世界はむしろ、地球に戻ることができないエネルギーを使わないという方向性である。こういう潮流がはっきりしているにも関わらず、原爆や原発事故を体験したはずの日本が、むしろこの潮流のストッパーになってしまっている。これは既得権益がいつまでも古い課題解決に固執したままだからである。既得権益の中で、すでに役割が終わっている産業やコンセプトを引きずって、高コストなのに、未来に未解決のビジョンしか描けていない現実がある。

こうしたことに気づきをもって、本当に日本がサステナビリティという目標を世界と共有することができれば、日本も変わることができる。研究開発速度を上げ、それが有機的に繋がることによって、より大きなエネルギーとなり、未来社会へのエンパワーメントに向かっていくに違いない。

ヘルス・エンパワーメント

コロナ禍において、次に我々のチャンスの認識として重要なのは、言うまでもなく、免疫力やヘルスケアなど、医療や治療に属する様々な研究開発や、そこでサービスをする人たちへの思い切った投資が、生命重視型都市を生むということである。

所有権の競い合いの中にあった従来の産業に投資していた分の半分でもそちらに投資すれば、世界は一体となって、次のステージへ、敢えて言えば、共通の敵に対して、ワクチンをはじめ、免疫力や生命力を大事にするライフスタイルへと移行できるだろう。

地球社会における共通課題は、命の連鎖である。そこに対する投資こそが、未来市場の構造を活性化し、それにまつわる行動モデルが社会全体を変えていくことに繋がっていくのである。そういったパラダイムシフトが、地球生命社会の連鎖投資として現れてくるだろう。これからの日本は、自前でワクチンを開発すると同時に、高性能マスク、サーモグラフィや健康器具も含めた医療機器をアジアの代表企業として受注し、ヘルスケア・インダストリーとして市場活性化していかなくてはならない。

企業経営のラストシーンは、たいていリスクとコストという考えになり、いわゆるやらないほうがましというような方向になってしまう。しかし、次のステージの地球社会がやってくることが顕在化しているいまのような状況にあれば、生命社会に直結する医療や健康に対して思い切った投資が振り向けられるべきである。地球がもっている生命力を削ぐことなく社会をエンパワーメントしていくには、社会全体へのネクスト・ビジョンとネクスト・プログラムに対して次々と投資をするということが求められている。

ビジョン・インベストメントとは、将来の理想と希望に対して投資をし、地球社会全体の稼働力を上げ、循環型活力経済という未来社会を実現することである。

masaka,
zutani
guchi

エリア・エンパワーメント

そういう意味で、トヨタの取り組みは、生態系としての都市の在り方、区分けされた構造ではなく全体的な仕組みとしての、循環型エコシティとエコシステムへの投資であり、新しい社会の先行実験、相互学習としてみることができる。

そうすると、日本において、パブリックに対抗するものとしてではなく、より小さな単位を「中間の社会」と考えたときに、ホームタウン、ホームエナジーを原型として、自己解決というシナリオを内包したスモールシティー、コンパクトタウンという着想が出てくる。単位を小さくした、生活圏という単位への絞り込みは、小さな国ほどやりやすい。世界全体を見ても、小さな国のほうが成功し、先行し、その速度を上げている。北欧モデルは、国という概念でものをいうのではなくニューハピネス、ウェルビーイングという新しい概念がリーダーシップをとっている。小さな単位をネットワーク化したほうがいいという一つのリードモデルである。

小さな単位ということで言えば、小さな島国である日本における地域創生という流れの中に、ソーシャル・エンパワーメントのリード役になるきっかけを作ることができる可能性がある。世界的な視座に立って、未来の課題を先行解決する特徴や方法を内包した地域社会、コンパクト・シティが日本に生まれることによって、それが世界の学習モデルとして、ラボラトリーとしての機能を果たしていくという道筋がある。次々にテストをしながら先行してケースを生み出すトライアル・シティとしての良さを見せ、世界を牽引しながらそれを事業化し、産業化するというような行動モデルそのものが、未来の新しい活力になってくるだろう。

日本が世界から指名されるような力を付けるために一番重要なことは、見過ごされてきたことの中に、宝を発見する取り組みである。より小さな村単位のものにスポットをあて、それを一つの特徴として磨こうという意欲と問題意識があれば、訪問に値する価値が創られる。まず自分たちの足元に問いかけ、豊かな自然に目を向け、地場を活かしながら、様々なテーマに対して課題解決し、循環している村生活文化を見直してみることは、日本人が日本のことを知らないという意味では、日本人にとっても再発見になるだろう。それは、自然や歴史、地産地消と地域文化に繋がっているホームグラウンド・エンパワーメントになる。

まずは、小さな単位の中で、自己解決し、それを特徴化し、そしてネットワークと行動の連鎖によって、自分の解決領域の根を膨らませておくということに着目していかなければならない。

ウーマン・エンパワーメント

もう一つ、日本が遅ればせながらも気づいたのは、ジェンダーギャップ指数が先進国の中で最下位というこの社会がもっている、半分使わなかったエネルギーを使うということを、一つの明快な指標として認識することである。今まで大きな引き出しがありながら、使うことができなかった、既に存在していた力を発揮させるという意味で、いま社会的にも世界的にも共感の流れにあるのは女性である。世界では、女性を活用する社会を実現するということの重要性に気づき、ウーマン・エンパワーメントとして具現化されたプロジェクトがいくつも生まれている。ウーマン・エンパワーメントは、性別を超えて、人々が個性にいきつくための土台となるものとして認識されている。

実際、世界の力を借りて、共感連鎖によって、表層的な概念としてしかオリンピックを理解していなかった日本のローカリズムが明らかになったことは、記憶に新しい。オリンピック組織委員会の会長が女性に交代したのは、情報が古い垣根をはずしてくれ、すでに世界の先行する事例が連鎖することによって、共感速度が上がり、変革を可能にしたといえる。

ある意味で、明治維新のときに日本が目鱗し、一気にその反動で西洋化を目指した構造と同じように、世界中で同時多発的に起こっているのに日本だけが遅いという固有さが、むしろある種の驚異的な速さで転換するいい機会になったことを示してくれている。これはキャスティングにおける革命と言ってもいい。つまり国や民族に関係なく、地球という一つのチームの中で相互に価値観をクロスさせ、作用し合う構造の中で新たな活力が生まれたということである。そのゲートがジェンダーギャップの解決であり、そうした新しい価値観が発露するような項目を次々と支援していく構造にならなければならない。

当面、日本でウーマン・エンパワーメントというこの地球社会連鎖に帆をあげるチャンスをもらった。このことを意識して継続していかなければならない。我々が社会というものを考えるとき、国別、地域別、民族別の社会も当然ながらあるが、これからは地球社会全体の、グローバル・ソサエティへのエンパワーメントについて考えていく必要がある。地球社会全体が、いままで使われていなかった力を使い、チャンスメイクするという流れがソーシャル・エンパワーメントなのである。

影響力のあるポジションの半分が女性という国もある中で、日本は、理屈はわかっていても実体の速度が遅れている。変わりたくても変われなかった日本が、世界の新しい風、流れの力を借りながら、未来に対して、理想に寄り添いながら自らを省みて変えていくことができるチャンスなのである。

そういう意味で言うと、コロナという共通課題を解決する過渡期にあるいま、コロナを嘆くのではなく、コロナによって引き起こされるのは、様々なチャンスでもある。この認識をもちつつ、国によって多少の差はあっても、相互に情報を共有しながら、自国では上げられなかった課題解決の速度が世界に上げさせられる。情報こそが、我々を大きくエンパワーメントするのである。

デジタル・エンパワーメント

いまコロナ禍で、さらに大きく叫ばれているのが、デジタル化である。我々が取り戻すことができない最大のものの一つは時間だから、課題解決をよりショートタイムで、同時多発的に、いち早く解決するということが求められている。これに大きく寄与するのがデジタル化である。コロナ禍で、否応なく外出できず自宅で自己解決しなくてはならないことも日常的に起きている。学校の授業や会社の会議、商談、株主総会、買い物など、今まで集まってやっていたものを自宅でやり、同時に速度を上げるということになると、それらをデジタルメディアに次々と置き換えていかなくてはならない。デジタルメディアはもはや生活必需品であり、デジタル化への投資と支援は必要不可欠なものに位置づけられる。また情報心理学的な側面から考えれば、デジタル化は物理的な移動を伴わないため当然ながら孤立を生むという側面があり、その解決のための新しい形のスクーリングやコミュニティ、クラブハウスのような様々なモデルが世界に生まれている。こうした新しいコミュニケーションの形をうまく取り入れ、活用することも重要になってきている。

スタディ・エンパワーメント

日本人の多くの若者は、地域社会に閉じ込められ、地域社会で物理的なものに縛られている。世界は充分に広く、チャンスを掴むことができる社会にかかわらず、人々が近所の学校を選ぶという傾向があるのは、物理的なところに足場を置きすぎていることの現れである。日本の教育の閉鎖性は、様々な社会問題にも繋がっている。

世界では、実際に大学生になってから大学にいくということではなく、デジタルスクーリングによって、プレオープン、事前入学のような形で興味があることを高校生の時から覗くことができる。海外の博物学や自然生命学のバーチャルスクールなどの公開性に気づき、早くから地球全体を学習の広場に変えていくことができる時代になっている。地球に学ぶということができる構造は、すでにメディアネットワークによって生まれているのである。

我々は生まれながらにして、地球学校の生徒に加速度的になることができる。

小さな、個人的な興味関心から、世界に広く公開された情報を選択し、その国の疑似留学とリアル留学という組み合わせの中で学習していけば、「地球未来人」としての視座を持った優れた人材が育つ。

身近で病弱な親を見て、私は医者になるというような素朴な夢をもつ子どもたちがいる貧しい国は多くある。そういう国で、野外病院のようなものでもいいから、すぐにでも役に立ちたいと願う青年たちがデジタル・スクールで医学を学び、いわゆる国境なき医師団のようなものがあらゆるところで稼働するような可能性もある。

未来のビジョン設定の大きな土台にあるのは、未来人の育成であり、地球未来のために、どういう人材を育てることができるか、ということである。従来の学校で学ぶということの閉鎖性に気づき、最も優れた知的・質的生産性をあげられると同時に、どう生きたいかを継続して考えることができる人材をいかに育てるかが、これからの未来の大きなカギとなる。

ライフ・エンパワーメント

同様に、どこにもでかけられない大人たちが、自らを時代の牢屋に入った人だと揶揄し、嘆くばかりで課題解決の活路を見失っていてはいけない。人々がそれぞれの生き方を公開し、そのことと多様性を結び付けて、ソーシャル・エンパワーメントとして活用していかなくてはならない。

ヘルスケアの問題で言えば、世界の中で、次々に起こる新しい感染症を我々はもう認識しており、これに対していち早く対抗する能力の一つとして、もちろんワクチンという物理的な防御方法もある。しかし、それだけでなく、こういうサバイバルというような時代の中では、一人ひとりが免疫力を高めて、生命力の強化を大事にしていかなければならない。

自然生命力の強化の一番にあるのは、生きる価値への強い思い入れである。見えざるものによって見えるものを活性化する。つまり生きようという高い願いが、生きることを活性化する。生きることとは、物理的にただ生きている、食料があれば生きているということではない。熱意をもって生きるエネルギーが、自分自身の興味関心を高め、生きることにおける好み・個性・独自性が横軸でネットワークし交換できるような構造があれば、我々はそれを交換し、仲間を作る。いい意味でお互いが成果と発表を褒め合い、励まし合うことができる。

もう一つ重要なことは、そこに生涯という自分の時間をかけられるかということである。そう考えると我々は時間の大切さに気付くことができる。漠然と過ぎた一年から、果敢に取り組む一年として、少しでも何かを始めてみる。何かをやろうと思えば、少しでも長く生きようという意欲に繋がり、長く生きることを意味づける・価値づけることになる。そういう人たちに社会が支えられるようになると、それ自体が、新しいソーシャル・エンパワーメントとなる。お金がもらえるからやるという短絡的な行動モデルを終えて、他者に貢献する、いわゆる利他、社会的役割を担う生き方を選択し、生き方自身を活性化するという社会が実現する。そして他者貢献することによって生み出された価値が高い評判や評価を得れば、その価値がフィードバックされて新たな収入の形ができることがあるかもしれない。

このような循環構造をもつ世界ができれば、一人が生んだ優れたアイデアを、世界中で使うことで、何百倍もその稼働力を発揮する。抱え込んで人に使わせないよりも、安くして使っていくシームレスな新しい構造の必要性が浮き彫りになる。一つの課題を、世界がテーブルにのせ、アイデア会議、共有認識会議が様々に稼働すれば、人々は学び、発表するために移動する。こういう社会全体の知恵を、未来到来のための道具として使うことができる。世界中で、お互いが鏡の国を形成し、相互学習の中にある未来社会に対して、共通する理想を相互にテストし、学習する社会を稼働するチャンスが来ている。

アース・エンパワーメント

このように考えてくると、地球を一つの社会としてみたとき、世界の共同解決のシナリオにこそ、根本的な大きな力があることに気づく。一番重要な認識は、未来に対するグランドデザインへの共感と連鎖が起こることで初めて、課題解決が可能になるということである。

いわゆるトランプ政権が顕在化させた言い方からすると、従来は二国間取引というやり方があった。それは一種のパワーゲームであり、そのように勝者敗者を分けることは、敵対化し、排除し、格差を広げ、どちらが得するかを競い合う矮小化された国益であった。パンデミックを共同体験したあとの未来への波動力というような土俵で見ると、これは対極にある。むしろいまは、国境という垣根を超え、国益を超え、「地球人」という認識が大きな軸足となって、未来社会のビジョンに対して、共同していこうとしている。

例えば拉致問題にしても、二国間協議やアメリカに間に入ってもらうということではなく、拉致は世界中で同時多発的に起きている世界課題だという認識になれば、解決の速度は急速に上がるだろう。個別間交渉で金銭トレーダーのトランプ方式のブローカー的な取引では解決できない。北朝鮮に行き、直接首相が会ったという話は、一時のエピソードにはなるけれども、世界的な課題終結より、日本だけが課題解決すればいいというようなことではない。北方領土問題も同様で、ロシアさえ良いと言えば返してくれると考えているが、そうではない。たまたま戦争の終結に、区分けして終戦を迎えるという構造モデルの中で、戦わずして最後にロシアがとったというような話だけでしかない。

地球はもともと誰のものでもなく、我々が預かっているという思想、使わせてもらっているという認識、そしてそれを生かし合う共通の財として土地や自然を見つめていく姿勢こそ、新たな解決のシナリオとして未来社会の礎として取り組んでいくべきことである。

世界の食糧問題も同じで、格差を国力の範疇の問題として放置し、いわゆる利益集団の分け前、パワーゲームだけの問題に置き換えていては、いつまでも解決しない。「共に」ということに新たなエネルギー、つまり大きな知恵と着想を注いでいくときに、新しい社会のためのエンパワーメントの認識論が、その門を開く。地球全体の共通課題にするという方法論とその波及速度の方が、国単位のそれより解決速度が速い。何を優先するかというプライオリティの論議も同様で、誰からワクチンを打つか、全体の中でどの速度を上げたらいいかということを、常に世界のケースに相互学習しながら共同解決する。そうでなければ、資金がある先進国だけがワクチンを打ち、難民を抱えた貧しい国は死ぬしかないような状態になってしまう。共同して解決するためには、それなりの力量を持ったところが、どういう流れをつくるか、未来社会に対して、地球全体に対して何に投資をする

かを見極めなくてはならない。百年後の未来に投資し、いつの日か回収するというような投資であってもいい。

世界と共に歩もうという姿勢をみせるリーダーこそが、独裁を超えて、協働調和という論議の中で生まれてくる社会と地球のエンパワーメントというものを考えることができる。

Masakazu taniguchi

第二章　パーソナル・エンパワーメント

masaka
zu Tani
gu
chi

次に、地球や社会といった全体像に対してエンパワーメントする、ソーシャル・エンパワーメントの対局に見える一番小さな単位である個人が、自らをエンパワーメントする、パーソナル・エンパワーメントについて語ろう。

パーソナル・エンパワーメントというのは、個人の中に眠っているエネルギー、エンジン、着想、思いをどう社会化して、新しい時代の活力として再提示できるかという取り組みだと認識しておきたい。

自己発見

アップルのスティーブ・ジョブズが言った「シンク・ディファレント」。違いこそ理想。これこそが今日で言う多様性である。

ライフスタイルというのは、日々どのように暮らすかという時間の活かし方のことである。我々の生涯は、持っている時間の長さではなく、短くても長くても、時間をどう使ったか、ということに意味をもつ。こうしたオンリーワンアプローチに繋がるときに、パーソナル・エンパワーメントという認識論を軸にして挙がってくる様々な項目は、ある意味ヒントに過ぎないけれど、一番軸になるのは自分の中の問題意識として、このことをセットできるかということである。

自らをエンパワーメントするために、自分の中にある興味・関心・好奇心をもって、学習意欲や行動意欲を駆り立て、自分の中に柱になるような関心事を、自分の個性や好みとして意識すること自体が、全体の中で失いがちな多様性の柱として出てくる。

自由時間を使って、自問自答、自己学習、自己研究といった、自然体で自分の興味にあるものを時間割の中軸になるように過ごしてみよう。少年少女時代に、いつまでも好きなことをやって時間を忘れて帰ってこないような、幼いころのまなざしを、もう一度取り戻そう。それにはまず、自問自答のきっかけを、敢えて他者目線で掘り起こすことが必要である、それが本来、学習のリーダーシップとなるべきことだと思う。無理やりに、あなたは何が好きなのかと問うのではない。好きなことは、すでにもう小さなころから、あなたの中で始まっているのである。自己を振り返って、幼年期や少年期に顕在化していたはずの、それぞれの自己のスターターを再発見してみよう。

このときに、昔バンドをやっていたから、もう一度バンドをやるということも悪くはないが、もう少し、本質的で、クリーンで、そもそもニュートラルな自分の中に沸いていたものは何だったのかを再考しよう。それは育った環境やDNAと関係するものであるかもしれないが、そういうものともクロスしながら、ちょっとしたことでいいから、繰り返すことで、自分に根づいていくものを再発見するということが大切である。

個性的であることと社会的であること

全体性を尊重するあまり、個性を失ったと指摘されてきた日本が、次は個性の大切さを強調するあまり、自己の損得だけに関心をもつ人々を創り出してしまった。重要なのは、個性的でありながら、社会的であることである。全体との共通性の中に繋がりをもって、自分たちの社会力を活性し、そのことによって生涯他者貢献し、生きることに対する目標設定と納得というものを内包している個人であらねばならない。そういう問題意識と道具の使い方で、その変化速度をあげることができる社会がきているにもかかわらず、日本はまだ個々の力が発揮できていないし、速度が上がっていない。

一人ひとりの中にある欠如や欠点は、むしろチャンスを内包していて、何かが足りないことを嘆くのではなく、欠点は長所であると認識して、すでにあなたにあるものを活かして、あなたが救われ、伸びていくというメッセージが、自分を育てることに繋がっていく。人々の独自性を前向きに生かしていくことに果敢に取り組むための勇気づけがパーソナル・エンパワーメントである。

欠点や長所を区分けして理解するというような発想ではなく、個々の中にある高い独自性を、相互にある個性として寛容するだけではなく、相互に生かし

合うという理解、そのこと自身が、あなたらしさの一つの重要なファクターでありエレメントであるというクリエイティビティの高い認識論が重要である。やらないよりやったほうがいいという前向きの姿勢をもっているエネルギーを借りて循環化していくのである。

そこで一番社会的な課題である女性、ティーンエイジャー、ハンディキャッパーなどは、いわゆる男性社会の普通・正常というものに対して、ハンデのある人というように括られて存在しているけれど、本来は、それぞれの評価項目の多様性をうまく組み立てれば、総体として一体のものになり、区分けを超えたジャンルをもっと増やしていくことができる。

ときどき思うことの一つに、「五体不満足」の著者である乙武洋匡さんの母は素晴らしい人だと思うことがある。あなたは全く人と違うものをもって生まれた人であり、そのことで世界の人を勇気づけ、生き方自体があなたの存在証明となり、あなたは生活芸術家なのよと勇気づける。重要なのはまさに、自分の自信を失うさまが、むしろ自信を強化する項目と繋がっているのである。人は、自己をどう再発見するか、つまり前向きの存在としてどう自己を見るかが大切なのである。

自己の見方というのは、自分が知っているつもりになっている自分と鏡に映った他者目線の自分の二つがある。鏡に映る自分は、理想から見た自分、両親から見た自分、友人から見た自分などである。見ようとすれば、見える。自己の存在証明をポジティブミラーのように育てるということを、お母さんが繰り返し、繰り返し、そのことを彼が素直に受け止めるまでやりきったことに素晴らしさがある。これこそが、パーソナル・エンパワーメントの一番重要なファクターであり、そのことに目覚めた人が何人も現れ、インタビューされ、レポートされることで、人々の目覚めが広がり、多様性の中でも類似課題意識を持つときに新しいプロジェクトが生まれ、声がかかるようにして、自分を磨いていく。そういうことがあれば、あらゆるジャンルで、そこに参加していること自体が、自らの個性の表現の場になる国境なき専門家個性集団というものが様々にできていく。これが、区分けせず、個と全体が行き来する姿だ。小さな価値観が社会化し、地球化し、ネットワークされて力を発揮する。

日本は、標準化競争の中で、個性をつぶして、固有化の枝葉を取ってしまった。それは一時役に立ったが、そういうものに支えられた機能的存在としての自己は一つだったかもしれないけれど、それが必要な時代を終えてしまうと、自己の中にある多様性、自分の中にいろいろな思いが出てくるはずである。興味領域を早くから顕在化させていくことは、一人ひとりの問題だが、それを意識づけていないとできない。そのために、まず自己分析してみよう。いままでやってきたことの中にある願望と漫然と未来の希望の中にあるものを宝探しをするように、見つけていこう。

「たった一人のあなたが変われば、世界が変わる」ということを、否定する人がいるかもしれない。しかし、この逸話が現実の中にあるのである。それを信じることが、エンパワーメントと繋がる。この社会は、技術革新のレベルを共有化することで、一気に地球社会化してきたが、どれも誰かがそれに対して果敢に取り組むということがなければ実現しなかったことは事実である。

自己肯定とカミングアウト

自己に目覚めることとは、開き直ることではない。自分の中で自信に変えていくことである。「自信」を、自らを信じると書く意味は、自分を信じないでどうするのかという問いかけと同じである。一人ひとりが自分を信じられたときに、広く違いを寛容し、選択できるような社会の豊かさを形成する。機械効率型合理主義から脱却し、人々がもっている高い創造的・想像的な資質に火をつける。

カミングアウトは開き直りではなく、むしろそのこと自身が重要な自らの存在の固有性というものに大きく関わっている。それこそあなたの個性の立脚点である。短所は長所になり、長所はさらに高められた長所になり、固有性と独自性というものを回転軸として使って、どんな個人的な好みの中にあるものも、自分の得意技領域として生まれてくる。一人ひとりの生活の中に発芽したものは、生活型のテーマ・アーティストとして生きることができる。最終的には個人に対するその目覚めに、どう火をつけていくかということが大切になる。

人生というドラマシナリオを描く

明治維新などの変革期には必ず現れたのは、松下村塾のような個人塾である。小さな集まりが、学習し、思考を高め、知恵・知識・着眼を人から人へ繋げていくような私塾の存在は大きい。

それを現代に置き換えると、プライベート・スクールが重要になってくる。文科省とは距離を置いたところに、師を求め、刺激を求め、友を求めるクラブスクールのようなものが機能するプライベート・スクール・エンパワーメントの時代がやってくる。

そもそも、人はそれぞれ個性を持っているに過ぎない。区別・差別・格差がひとつの固定観念のように刷り込まれていくことに対抗するには、チェンジネクストするための発表と登場の仕方、いわゆるニュースというものにいかにドラマとして参加するかということが重要になる。一人ひとりが、自分の人生は一つのドラマシナリオと見切って、どのような素敵な物語として生きていくかを自らシナリオに書き出していくことが、一つの思いを形成する。未来を夢見て、希望や理想に向けて様々な視点を持ちながら、あってほしい未来を描く力が、それぞれの人生にドラマをつくるエンジンを形成すれば、何万年も生きてきた人類のＤＮＡを超えた、想いとしての伝承軸を形成する。

コロナ後の世界の願望的シナリオは、新しい時代、新しい地球社会の姿を顕在化させる。それぞれのテーマ領域で研磨し合い、お互いを賞賛し合う生き方は、自己探求し、それを強い修練のもとにおくという一般的な努力ではなく、より高い次元の個人的な自己強靭化という自己育成の願望を持つことが求められる。期待する未来のために、子どもたちを支援するということと同時に、我々自身にもまだ未来があると覚悟し、その未来に対して自分の興味領域に積極的に接し、情報交換をしていかなければならない。そのためのコンテンツが様々なメディアで公開されることで、スクーリングとして集まり、私塾やクラブ活動のようにして繋がっていく。

これからは、地球社会に対するビジョンメーカーとして、構想力を絵に描くことができる人を増やすということが重要だ。これが、ドリーム・トレーニングということである。自分の周辺に視座を置きながらも、全体を語る能力を育成するためには、想像力の豊かさと、その発揮に、情報化社会がもっている力をフルに使うことが大切である。

ドリーム・トレーニングによって、自己の内にあるものに磨きをかけたものを、深め、仲間をつなぎ、固有性の高い独自の領域として社会的発表にまでつながっていくような環境、コンテストやネットワークコミュニティで顕在化する。そういう意味では、パーソナル・エンパワーメントはパーソナルメディアを稼働させる。小さな単位のアクティビティとメディアを使って、情報化社会の中を泳ぐように広げる。ネットワークで細やかな繋がりをいくつも持ち、地域社会でも個人社会でもクラブニュースのようなメディアがあれば、発表応募することができる。学術研究は、必ずその分野を代表するメディアが存在し、そこに発表することで認知を得る。そのメディアを別のメディアが取材し、新たな読者を生むというような構造があり、同じ情報が形を変えて、様々な人に刺激を与え、深くしたり高めたり広げたりする役割を持っている。

いわゆるプロデューサーを日本は育てていない。イマジネーションが効いてアイデアが沸きでるような人を育てるしかない。技術者だけでは未来がない。

未体験な人ほどアイデアがでるという面もある。機械音痴が、触らなければ機能しない技術から、目線を送るだけ、見るだけで動くといった未来志向の発想・アイデアを提供することもある。

世界のシナリオライターの一人を挙げるとすれば、ビル・ゲイツが挙げられる。エネルギーの取り合いは、いずれ枯渇するから終わるだろう。その後の新しいドラマを書いたほうが勝つと言っている。軍需産業は終わる。軍隊、空母、戦艦はいらない。ＰＣが一台あれば、空爆ができる時代がきて、見えない戦争が始まる。戦争をゲームや映画でしかみたことない世代は、ボタンを押したらロボットが戦ってくれる世界を知っているが、同時に様々な疑問や問題を含んでいることをすでに知っている。これからの社会をどう構想するかというのは、そうした世代のイマジネーションを育てることが重要だ。

そしていま、経済社会の中心にいる世代にとっては、長い人生の中で、自らの生き様が、生きるに値する価値創造が、創造的未来を後ろへ繋ぐための検証の軸足になるだろう。自分はやりもしないのに、若い人の背中をおしても仕方がない。人は人のために生きる。社会に貢献することの意義をバトンパスする。それを認識論として育てておかないとやがて無力感として出てくるだろう。

ジェネレーション・インパクト

その一方で、いわゆるジェネレーションZの存在がある。この世代は幼少期からコンピュータをはじめとするデジタルデバイスに囲まれて成長したデジタルネイティブと言われる世代であり、特にスマートフォンに親しむ世代である。そういう世代は、これまでとは違う形で速度を上げられる可能性をもっている。音楽、スポーツ、プログラミングさえも、三歳頃からの幼少期に始めて、訓練を積みながら、人生のミッションをもつようになってきている人もいる。

こういう世代が、生きる魅力、面白さを蓄え、個人の中にそれぞれが宝をもっているという思いを早くから持ち、社会を動かすような強い影響力を持つという流れもある。いわゆるジェネレーション・インパクトである。

学習は知識ではなく知恵にする。課題に対して興味がある人が、年齢性別を超えて、手を挙げ、プロジェクトを組んで組織され、課題解決するために、さらに他のプロジェクトの力を借りて、ゆるやかでありながら、より精度の高い慣れ親しんだネットワーク・マネジメントによって、固有性と全体性を達成していくようになる。今日のように、課題解決に向かって専門家集団をつくるというより、永遠に変化しながら、学習し、進化を遂げられるようにして、社会に貢献できる構造を作る。その舞台がメディアであり、発表である。課題発見と解決のチームづくりが新しいキャスティングによって始まる。課題解決に対して興味関心を持つ人々が集まり、目標設定をして、個別解決と全体解決の組み合わせの中に価値を発見していくように変わらないといけない。

個人の気づきが表現できなければ、その気づきを活用することもできない。

こうした気づきに対して、権力者はエンパワーメントする役割を持っているから、そのことも考えると、市民に寄り添い、生活者に寄り添い、現場感性により添い、そこからヒントを得て、希望をくみ取り、テストし、速度を上げながら、多様な価値構造の大きな流れをつくり、結果として地球社会の持続性が顕在化するようにしていかなければならない。

いまは過渡期で、人類は、歴史から学ぶことも、学べずにきたこともあったけれど、今後は学習効果が社会をつくっていくことは明らかだ。今回のパンデミックによって、学習効果の構造が、社会をどのように次のステージに上がる速度を上げたかは、後からますます検証できるに違いない。

評価者としての「世界」

新しいアイデアや行動に対して、次に必要になるのは、評価の方法論である。褒める方法の開発は、ノーベル賞がその代表であるが、スポーツ、アート、科

masa
kazuTa
higuchi

学、料理、健康など、あらゆるジャンルで最も必要なことである。それによって、人々は、他の人の知恵や体験、学習によって研磨された洗練さを取り入れることができる。世界が一瞬にして、一つのレベルを獲得することができるということである。

アスリートについて言えば、従来のオリンピックの賛否はともかく、オリンピックのような大会自体が、世界レベルを我々に教えてくれることは事実である。国内でいかに優秀であっても、世界レベルに対する視点が常に必要であり、その高度さのレベルを知ることは、自分自身の次の可能性を知ることである。

一〇〇メートルで一〇秒を切るのは、日本人には無理だとずっと言われていたわけだが、海外の選手を目の当たりにすれば、トレーニングによっては可能ではないかと思えてきて、新しい着眼を持つことができる。選手が、観客が、いつか一〇秒を切ることができると思い込むことによって、そのことが現実を形成し、後押しし、新たな記録を形成する。

このことは、あらゆることに当てはまり、ある課題が、一気に世界のレベルに解決の軸足の高度化を起こし、連鎖して次の社会の担い手として、高次のレベルに達するということを意味する。どこかの村で一等賞になって終わりではない。地球社会に貢献し、世界に貢献しようという視点からの指摘であって、最初は日本のカラオケ大会で一位になったことで、世界へ、次のクラスへトライアルするというような姿勢が大切である。我々は自らの存在を高めるために、評価者としての『世界』を持っている。ネットワーク社会は、容易にそれを可能にする。

オリンピックが今回できるかできないかという議論は置いて、なおも重要なのは、オリンピックが地球社会の新たな課題発見と解決のシナリオをエンパワーメントできるものとしてあまりにも高コストになるなら、もう少し小口にばらしたオリンピック、スペシャル・オリンピックのような形があるかもしれない。例えばサッカー、ラグビーはすでに個別のゲームシアターがあり、コンテスト・アワードとして成立しニュースソースになっている。普段のニュースソースはアスリートのことが多い。様々な種目がグローバルに、クロスして対話をしながら磨き合うような場ができれば、わざわざそれを総合集合のような形でやるようなオリンピックは過去のものになるかもしれない。

コロナ禍で、特にオンライン上の相互取材によって、我々は、世界の中の存在であることへの気づきが活性化している。世界の小さな村で何かやっている人が、村が、犬や猫が、一気にグローバルオンステージにのる。こういうことがどのような意味をもっているかを早くから知っていれば、地球全体の幸せと繋がっていくことができる。幸福感は予見の総和であるということだけではなく、幸せだと思うときと、思わないときが好循環することが理解できれば、幸福と不幸を分けることとは、ほとんど意味がないということを、世界は知っているのに、気づかない国がある。それが日本である。情報化社会のもっている不幸は、みんなが知っているのに、自分だけが知らない。その一点に尽きる。世界は知っているのに、あなたは尚もそこにいるのか。

個人は多彩な受信学習方法をもっている。情報化社会が、あなた自身を育てる環境を整えてくれている。情報サービス社会とメディア社会において、世界が先生になり、地球が学校になり、あなたを育てる。あなた自身の価値を社会的に置き直してくれるのである。

プロフェッショナリズム

自主自立、自己解決のシナリオの着目点として、我々は、物事を区分けして、グループとか個人とか、政治とか経済などと、解決の基盤を区分けし過ぎてきたことが挙げられる。ある問題が明らかになったときには、区分けされた領域に原因を求めるのではなく、解決における前後左右大中小を複眼的にみて、なるべく自分で解決する領域を増やせば、速度も速く、ローコストオペレーションになり得る。そして一人ひとりに解決の根があることに気づけば、自らが自らの命を高めることができる。これをプロフェッショナリズムと捉えている。

自分自身を高めることとのプロフェッショナリズムとは、自己学習、自己成長のための自己投資、いわゆるセルフインベストメントのことである。従来のお金の使い道は、ショッピングとエンターテインメントという、他者に何かを要求したり受け取ったことに対して代金を支払うというレベルの交換型社会構造だった。それを超えて、興味深く自己納得できるように育て、それを社会の中に戻し活かすように自分を育てるように使うという認識論が際立ってくると、活力に溢れた社会構造でありながら、他者に依存するのではなく、互いに支援するという構造の中で感謝し合うことができる。

重要なことは、あなた自身が、思いと情熱をもって、二度と取り戻すことができない人生時間であるあなたの自由時間を注入し、その結果として自分を深め高め、その喜びを社会に表現し、広め、オープンソースにするということである。そのことに支援がいるとすれば、クラウドファンディングもあれば資金

を借りることもできる。

これからの市場構造は、クラウドファンディングを超えて、まだ見ぬ商品やサービスについて共感する人が、先行してお客になってくれるに違いない。我々は世界の夢と実現のシナリオを公開することによって、貢献主義の顧客が、ある人やモノに共感し、その人が作るもの、使っているものを支援する仕組みとして、予約前倒しで入金してくれる、いわゆるカストマーファンディングを得て、成果を上げることができる。

スモールベンチャーや新たな課題設定を立ち上げるのは、むしろ最初にその問題が大事だと思ったあなた自身であり、個人事業である。これが起業であり、それが社会連鎖という価値を生む。この原点がセルフ・エンパワーメントとなる。

コロナに気づかされたこと

低迷する日本社会の中で、インバウンドで取り戻そうと、中国人の爆買いという現象にあって伸びた業界もあった。しかし、コロナでそれにストッパーがかかり、一気にモノに対しての価値づけが下がった。どんなブランド品も、見せびらかす場所が限定されてしまって、持っていても仕方がない、持つ意味がなくなった。自己学習だけでやっているレベルの矮小化された人生の中における体験学習は、地球学習連鎖によって社会学習に置き換えられた。そして、その速度が上がってきたために、所有するためにモノを買うというような発想が急速に縮み、それを活かしてあなた自身がどう生きるのかということの問いに行き着いた。そうした哲学と思想の時代に、次にやってくるのは、自己投資である。自分自身が自分を育て、自分が新しい判断の担い手になる。当面最も重要になるのは、学習サービスを受けたいという人々の要望である。

世界から日本に学びに来る人がいる。いまは学歴とか資格をとるという理由で来ているから、そんな金が無くなってしまえば、近所の学校に行くしかない。

大留学社会になり、海外で自己興味と連鎖する学習をして成長している中国、インド、ブラジルなどの国に日本は一瞬に抜かれてしまうだろう。

こうした状況に対し、世界レベルや未来レベルの成長をし直すためのドリームプログラムを内包し、新しい内的富裕層に対して強く貢献し、教えてくれる人が集まる国が日本だとなれば、日本は、オリエンタルスクール、アジアの学校、世界の未来学校というような側面を強化することができる。それは観光ではなく、修学旅行の概念に近い。いわゆるスクールツーリズムである。

物理的なモノの活用学というようなものは、規模・大きさ・量という従来の所有価値から、使用価値に転換される。ユーザビリティこそが、そのモノの価値を決定する。そういう意味で、人口が減って縮みつつある日本にとっては、寮に入るのと同じ発想で、スクールホテルという長期滞在型の概念で活性化すれば、ただ勉強したり、働いてくれる人を集めるだけではなく、新たなビジネスを開発してくれる。その源泉となるインパクトを持つ国として、未来学習をする国にしようと思えば、あらゆる知的美的コレクションにスクールプログラムをつけ、専門領域を集めたラボラトリーとして、哲学思想を高める旅の行先の一つに日本がなるというのも可能性としてみえてくる。

日本には、アジアの島国として伝承され、長けてきた日本の財が数多くある。東洋の神秘といわれるような、その特徴材をエンパワーメントすべき素材として取り上げて、ドラマを描く力を我々の中に育てれば、これがオリエンタルマーケティングというような形で世界化していくことも可能になる。

人は、師を求めて旅をする。学習旅社会では、リアルツーリズムは実地調査であり、バーチャルツーリズムは予備学習の場である。今後、日本に興味をもち、日本の美意識や知見を学びたいというニーズに対して、東洋に興味を再編集し、レポートしていくようなスクールツーリズムを発展させたい。師を求めて日本に留学する人に向けて、留学に値するようなスクールサービスの構造を持とうという着眼をもてば、一般的な教育機関論ではなく、特徴的な村や個人、もしくはある領域の生き様・職人に学ぶというような目線で全体を見渡せるようになる。

爆買いは、モノの時代のラストシーンであり終焉を意味する。自分を高めたいという、自己学習、自己投資の時代がきて、人々は、自分自身が商品であることに気が付いた。自分という価値を高めない限り、自分が選んだという価値も引き上がらない。そう気づいた人をスクーリングとして集めていくプログラムを考える。

未来の人材を作り、子どもたちに次の世代の価値軸や魅力をどう残せるか、その生き様の最後は、それをつないでくれ、百年二百年でもできなくても、それをなおも磨いていってくれるような、認識を引き継いでくれるような伝承軸を公開してみてはどうだろうか。

一人ひとりが自らの人生の主人公であり、決定者であることをお互いに大事にすることによって生まれる新しいライフスタイルに気づいて、行動することが社会の変革に繋がっていく。わが独自の存在と未来というものに旗を立ててやっていくことの大事さが明らかになっている。

これは今日、社会解決と個人解決の方法を、往復できるような体質をもった企業、例えばソフトバンクやユニクロ、無印良品、ロフトなどは、すでにある未来編集のシナリオを事業の中にドラマとして入れ込んでいる。そこに大きな成功の素因があった。そういう視点を持たない人が、従来の一般的なコスト論に揺れたり、誰でも思いつけるような一般的なメソッドの中で組み合わせしてしまったりすることになる。

我々は、理想と理念をもって集まったのではないか。このことをもって、もう一度集まることができるだろうか。その分水嶺に、いま我々はいるのではないか。

第三章　メディア・エンパワーメント

masa
kazu Ta
niguchi

メディアよ、応答せよ

自分自身が学習し、再発信するとき、また、俯瞰的に自己を再発見するというときに、メディアが重要になる。四〇年ほど前にマーシャルマクルーハンの『メディア・イズ・メッセージ』という本がベストセラーになったが、同じ情報でも隣のおじさんから聞くのと、テレビで聞くのとでは、メディア特性そのものによる価値の再創造が違うと言っている。メディアというもの自体が、エンパワーメントする大きなメッセージになっているということである。

情報化社会において、メディアを通じて体験学習した結果感じたこと、思ったことが増幅されて、その結果として思いが変わり、行動が変わる、そして、その循環の速度が上がる。コミュニケーションを媒介して、色々な仕組みで外の力をうまく中に取り込むエネルギーを使ったメディアプラットフォーム、いわゆるＧＡＦＡに代表されるような参加型プラットフォームを使ったエネルギーの活用は、循環速度がさらに速い。

いわゆる女性デーというものも、最も重要なのに、生かされていなかったエネルギーが、そもそも当然だったはずの相対的バランスを取り戻すためのジェンダーの戦いであり、そのことを伝え学習し、メディア体験から生まれた新しいセンスによる新しい行動と認識の象徴だと考えると、そうした個々の知見が集合知として顕在化したケーススタディである。人種差別や男女差別という問題で先行した先進国の仲間入りをしようと、日本は、新しい社会を模索して共同参画を認識したけれど、その中で一番遅れを見せている。行動がなかなか変えられない。

そういう意味では、オリンピックについては、経済効果の話ばかりになっているが、実は社会効果もある。地球社会が一つの輪になり、相互に優れた個性を賞賛し合う基本理念が、地球社会そのものの在りようを示す。格差を超え、ジェンダーを超え、ハンディキャップを超えた、社会効果の交換に視点の転換が進めば、地球社会そのものに引き起こされている問題の最大の要因をいち早く多元的に、同時多発的に伝えられることに成功しているという意味合いから言って、オリンピックもメディアといえる。

これまで我々にとってメディアといわれるものは、テレビ・新聞・ラジオというマスメディアだったが、これからの新しいメディア認識というのは、コミュニケーションを活性し、相互に変化を伝え合い、発表し合い、評価しあうことによって社会活力を形成しあう、情報化社会のエンパワーメントのエンジンである。こういう認識によってあらゆるものがメディア性を帯びた社会がやってきている。

メディアの再発見

このメディアというのが、右がよければ右に行き、左がよければ左にいくというようなジグザグのバランス型の行動モデルによって、中間の膨張という形で、より広く参画性を促していくということがある。したがって、長期的にみれば、新しい中間が全体を飲み込んで、次のステージを形成することになる。これが未来社会の一つのビジョンになるだろう。メディアを作るということは、もうすでに存在するものをメディアとして見直す、ということが要求されているのである。

例えば、小売業でいえば、リアル店舗と通販がある。一般的には、通販しかメディアコミュニケーションと認識しないかもしれない。しかし店もまたシアターとしてのメディアなのである。店は単なる商品の置き場ではない。こうした考え方が稼働しないで、セーターを売ると言ったら、朝から晩までそれが置いてあるだけでは、変化にもドラマにもならない。今日、情報化社会のコンテンツで一番重要なのは、シナリオやドラマだと言われていて、商品の持つ「物語」が消費されるのである。対話の構造がそこになければならない。

店が単なる倉庫化されていることに気が付かないと、ドラマがなく、いつも売れないで困ったなあと嘆き節ばかりでは顧客は来ない。

身近な例を挙げるとすれば、手作りの新聞や家庭内新聞、子ども新聞、町内会新聞も、クラフトマンシップを発揮したメディアである。様々な変化の中で、人々に伝えるべき変化を整理し、そこにキャッチアップした注目点をいれ、イラストや写真を入れて公開する。そういう意味であなたの事業、あなたのチームはメディアを持っているだろうか。既存のマスメディアにお金を払って広告主になるのではなく、あなた自身が主体になってメディアを持っているか、これが、これからの要請軸である。

区分けされた業界意識からの脱却

つまり時代の中で、何かを解決しようと思ったら、まず興味をもって学習し、メディアの読者になり、その中の代表読者が参加して、課題解決のヒントを提供し、それをまとめたものが季刊誌としてでるとか、ウイークリーでＳＮＳにあげる、というようなことが必要である。一時はホームページというものがあったが、ホームページは会社の静止画像的な意味合いしかなく、必要がなければホームページは見ない。自分の会社のホームページを社員は読まないのだ。情報というのは変化だから、どの単位で変化を反省させるのか、いま我々はどこに向かって歩いていくのかと考えたときに、政治であろうが、病院であろうが、それぞれの事業ジャンルごとにメディアというものを固定的に捉えて出していくと、いわゆる業界紙になってしまう。業界紙は区分けされた領域の内なる出来事だから都合の悪いものを排除しすぎて、やがて限界を迎える。こうした同質類似を形成し、むしろ選ばれる意味を薄めていく時代がずっと続いてきた。

家電業界は、一時は、「持たない」から「持つ」という新生活への期待の時期があった。冷蔵庫事業部は各家電メーカーにどこでもあって、冷蔵庫を独自に作っているのではなくて、共通機械を使い、業界内で意見交換する、それをリードするのはメーカーオブメーカー、あるいはそれをサポートする加工業者などを通じて情報が移動している。そうするとメーカーが違うのに同じようなものが出てくる。同業利益に軸足を置くと、こういう同質化が進行する。メディアというのは、本来、「今までのもの以外」を中にいれて、それを内側で変革に使うイノベーションの動きを押し上げるものだったにもかかわらず、業界に都合のいい、先行ケーススタディの真似でしかなかった。日本の企業は、独自性を出すことを欧米に委ねて、その成功事例を受信して真似をする。学習行為として真似から始めるのは悪いことではないが、真似をしているだけでは、何か意見をと言われたときに、何も言えない。教える立場と教わる立場の垣根を外して、ときに先生をやり、ときに生徒をやるというように、自ら考え学ぶことが大切なのである。日本の停滞の原因は、想像力が問いかけられる社会がやってきたにもかかわらず、いつまでも真似のままで、ポジションを見失ってしまったことにある。

View
Voice of Future
ma

各業界が、内側のイノベーションという新しい変化を生むためには、家電業界は、ファッション業界がやっていることをやる。ファッション業界は旅行業界がやっている特徴を取り入れてやる、ということである。前例に倣う風土の中で官僚化して、利権主義の構造が強化されてしまうと、よそがやっているかというのが上司の基準になる。よそはやっていません、と言うと、よそがやっていないものはだめだよ、通らないよということになる。これこそ、初期の創業の精神を失った大企業病である。本来は、よそがやっていないからやるべきなのである。

戦いとるという体験学習を、日本も太平洋戦争の以前にはもっていたかもしれない。しかし最後は、もはや勝てそうもない、シミュレーションもできない、変化対応の戦略的チョイスもない、戦略なき戦いを面子だけで突き進んだ。それと同じようにビジネスにおいても、内向きの都合のいい提供者の論理によって、打って出ても、失敗するのは当然である。このことは、単に日本が世界を知らず、世界に遅れていたということを意味している。こういうことが、様々な場所で起きている。個人の集合体であり忖度する組織においては、個人は気づいていても、それを言うことはできない。よそがやっていないからやりましょう、それが選別優位の独自性だなどと言ったときは、あいつはうるさいから首を切れということにまでなる。そんな社会では、我々は自由に話すこともできない独裁社会にいるのと同じである。

独裁は、自由と民主主義の敵であり、叩くべきターゲットだとして、この戦いにずっと挑んできた欧米に対して、日本は戦わずして得てきたという側面がある。与えられた認識から出ようとしない。これは、言うまでもなく、憲法だけの問題ではない。

日本人は食料の半分を腐らせている。原因は、賞味期限だという。食料品の自給率は、二〇一八年には三七%(カロリーベース)と過去最低を記録した。こんな国がいつまでのさばっていることができるのかという問いかけがいつも途中で潰されてしまう。既存勢力というのは、情報が広まるのを恐れているから、独裁を守るために情報が拡散するのを止めようとする。独裁は、情報統制であり、情報遮断である。

古いメッセージを捨てる

食品業界のメッセージは、ほとんどが、もっと食べてくださいというものだが、実際そんなに食べたら病気になるじゃないか。病気を治すためにさらにこれを食べたほうがいいとかサプリメントも定期的に食べたほうがお得ですなどと言い、食べれば食べるほどに、飲めば飲むほど余計に体の具合が悪くなるような提供者の論理で、わずかなマーケット争いをしているように見える。ヘルスケアをフラットに考えてみると、肉体労働を中心にしてきた時代から、むしろいまは頭脳や心を使った仕事が多くなっている。古いメッセージを捨て、フレームワークや心理的なプログラムを重視した、美意識と知性を、新たな角度から商品として出していく時代になり、そういうものが活性軸になるかもしれない。ヘルスケアについて信頼できる著名なドクターたちは、我々はまずそんなに食べてはいけない、食べたものを最終的に十二分に栄養素として生かし切るには、食べ過ぎると能力がおちていくとも言っている。

空腹状態の時に最も活性化すると言われている長寿遺伝子というものがあるが、飽食の時代の最大化、最適化のあとには最終的には、食べ物はどんどん絞り込まれていくのではないだろうか。様々な習慣を引き連れながらも、我々はいま、転換期にいる。

メディアとは何か

何気なく聞いたり、おしゃべりしましたということではなく、情報を受信し、整理し、ポイントをまとめ、ヒントにして人に伝え直すということが必要である。そのときに、何を使ってそれを伝えるかが問題で、対話が成り立つための道具、それがメディアである。メーカーにとって、それは、商品である。

例えば、タクシーの中の小冊子もメディアと認識してみれば、一気にものの見方が変わり、急成長する道具となる。それを広告のパンフレットとしか思わない会社は潰れていく。いわゆる広告宣伝しかやってこなかった会社は、すべては販促でしかないと認識している企業すらある。これに対し、顧客や時代の声を聞き、ヒントにして変えていくという循環型成長構造を大きなエネルギーにしているのがメディアの受信能力である。受信をするには優れた発信能力もいる。常に聞き、そして再発信していくことも同時にやっていかなくてはならない。

この受発信の構造の、最初のステップは質問である。いくつか仮説をたてて意見をもらうのは、インタビューソースからの学習である。良かったか、悪かったとだけきくか、アンケートを戦略的にとるかでは大きく違ってくる。情報は、使用価値だから、使える話を聞かなければ意味がない。

これはたまたま私がよく存じていた方だったので、例として加えるとすれば、創業して五十年の少年ジャンプにみるメディア論を挙げたい。かつて集英社が変化に対応しながら自らを変えていくしかないという戦略をとったとき、固定的な読者をおさえきった小学館と講談社が出版していたサンデーとマガジンには、作家を紹介してもらえなかったという。

そのとき、まず誰がこの少年マガジンの主人公かを問いかけたときに、読者だという認識に立った。読者は、何に対して良いとか悪いとか言っているのか、その仮説を検証しているに過ぎないじゃないかと考えたときに、読者には、むしろ聞いたことがない、見たことがないものを見てもらうべきだと考えた。読者を審査員に見立てて、その声を聞く。そういう目でみると、既存の有名マンガ作家は忙しすぎて、ベタ塗り専門の弟子や顔だけ描くスタッフなどを使って分業してやっているわけだが、むしろそういう弟子やスタッフたちにチャンスを与えてやりたいと作家から要望があり、そういう人を出してみようということとになった。しかしどれが面白いかはわからない。そこで、面白いマンガ、好きなマンガ、嫌いなマンガはどれかと反応をとってみる。読者が編集長だからである。少年ジャンプは表紙を開けたらハガキが付いている。応募してくれた人にプレゼントなど、いろんなインセンティブもつけている。そうやって評価を繰り返すと、好きでも嫌いでもない無反応の漫画家がでてくる。嫌い嫌いも好きのうちだからまだよしとして、反応のないものは三週間でやめてもらうという戦略をとった。反応のあった人を残し、なかった人を入れ替えるために次の候補に待ってもらう。そこに生まれたのが毎月行なう少年ジャンプ新人漫画賞という仕組みだった。そこから次々に売れる漫画家がでてきた。そういうことから言うと、メディアというのは新しい評価の構造をもっており、その評価の主体というのは、常にいわゆるユーザー、生活者、市民、ここでは読者である。そこに行きつくようにするのが、メディアプロデューサーであり、新しい編集長である。同時にその人はニューマーケッターでなければならない。

当時の少年ジャンプの編集長は、自分はメディアマーケッターだという認識で、編集長という概念から自分を卒業させるためにあえて名刺にマーケッターと書いたというが、そこにその心意気が感じられる。

こうしたメディア認識で言うと、お店で評判を得ているものは何か、誰がどう取材し評価するかというと、一番いいのは買いに来た顧客に聞いてみるということもあるし、顧客と接点を持つ販売スタッフにインタビューすると、何に顧客がいい反応をするか一番よく知っている。そこに多大なヒントがある。こういうものを整理すると、それを変化に活用できるような体質になる。それをしないで段々横柄になり、提供者の論理にはまり、結局は業界の枠組みを超えられないでいる企業が多い。もう洋服はいらないという時代に、洋服業界としては、どう服を売るかといっているのが、いまのファッション業界である。そうではなくて、ファッションは自己表現という大事なメディアだというところから始めると、顧客が主人公だというところに帰ることができる。

求められているものが次々変わることをメディアが教えてくれている。変わったことをどう受信するか。商品はたまたま過去の体験からでてきたようなものをベースにした仮説検証にすぎない。新しいものは出てこない。その商品をどう使ったかという反応をとれるようにする。感想文を寄せてもらう。そこにメディアを利用する。突入インタビューの形も面白い。家、ついていっていいですか?という番組は、調査の延長からでてきたアイデアだ。

あなたがメディア

メディアをどう策定するか。メディアを想定したり策定したりすることの中に今日の入り口がある。

自分をメディアと見るなら、歩いて調べる、体験学習するなど自分の中の感受性を育てるのも重要だが、いわゆる公開された方法論として、SNSの時代は、毎日、毎週、オンラインテーマコンテンツを流すということになる。しかしいま、半分以上は機能していないと思うのは、ある業界と既得権益のための広告宣伝型のアピールに過ぎないからである。ステマといわれるようなものにまで戦略広報というような言葉を掲げて、自分たちに都合のいいものだけを発信する。こういうものを築いてきた我々の初期体質を、成功した先進国はみなもっているが、我々はこれを超えていかなければならない。

誰の声を聞くかというと、一番に聞かなくてはならないのは、若い人たちはこういう社会はどう思っているのかということである。こんなことをしていたら、地球はだめになる。早く上の人はやめてよと言っている。そういう声、声なき声、聞こえない声を若いから言っているんだと言って利権側が無視してきた。

しかし、いまは多様性社会であり、一人気がついたら、それにまた気がつく個人がいる。極端なまでの連鎖ネットワークがあり、拡散する速度が早くなった。一人ひとりの情報発信能力が問われている。メディアを明確にする物理性からいうと、まずは自分がメディアであるという認識を持つ。自分の中にこそ、あらゆる可能性があることに気づくことが重要である。

まずは一人ひとり、それぞれがメディアとして、あなたがそれを表現して、自分はメディアだと心得ることは、どんな表現に対しても役どころを心得ることだ。セルフプロデュースもあれば、自分はでなくても、出たほうがいい人をオンステージできるようにする。次々と提案してくれる人を入れ替えつつそれを繋ぎなおしていく手法もある。プラットフォーマーが圧倒的な新しい社会事業家として軸足を伸ばす。もうすでにあるものを出し、社会に金が余っているなら、その金を使えばいい。社会が学習をしていることを、それに符合するように提供されればいい。変わればまた変わる。新しい社会がどう顕在化するかというところに研究課題があり、それがコンテンツの時代である。つまり我々は戦略をもたないと、学習のしようもない。それを肝に銘じるようにして、キーワードにしている意味合いとして、最初に「メディアよ応答せよ」と言葉として入れたのである。

もうすでにあるものをメディアとして捉え直してみよう。これに気づき、認定し、策定し、マイカンパニー・イズ・メディアと認識すること。これがメディア・エンパワーメントの入り口にあるわかりやすさである。

クラブハウスのような、そこで語り合うことができるような場に、興味がある人々は集まる。興味をもったとき、うまくそれを回転軸にしてメディア活動のコンテンツを顕在化させ、魅力的にする。こうしたメディアがもっている力、この一点に注目すると、対抗軸にあるものを繋ぎなおすのがメディアであるという発想とそれが回転する往復論として「中間」という概念がますます大きくなってくるだろう。

都市もメディア

自分自身や企業がメディアであるという認識と同時に、地域社会そのものである都市もまた、メディアとして理解することができる。大都市は、いくつかのメディアの複合体であり、メディアコーディネーションシティというようなものである。それはなぜかというと、情報をもっている人間というメディアが集まる場所だからである。情報は取捨選択していかなければならない。サービス業とは、選択肢をだすことである。一つしかなければサービスにならない。選択肢の中から何を選ぶかによって、顧客の好みを受信していく。

我々自身が、どういう未来に耳を傾けるか、未来に聞いてみるということは、個人に聞いてみることと同じなのである。まだ限られた少数である個人、もしくは全く個人性が高いほど、未来性が高いと言える。そこに牽引されるようにして全体が徐々に移動していく姿がある。一人の気づきを一瞬にして一万人の気づきに広げられる。こういうメディアスピードというものが、我々に与えられた時代の活力道具である。そもそもメディアとは、変化に対応することで次のステージに行こうとしているものだから、メディア自身を決めつけないことが大切である。変化に対応しながらメディアをどう策定するかということが戦略になる。

プログラム・コンテンツ

次に重要なのはコンテンツの戦略である。何を伝え、何を聞くか、何を対話の柱にするかという、プログラム・コンテンツが問われる。個人と地球が総和して、一つの生命体循環にありつつ、相互に学習の速度を引き上げ、より最適化にふさわしいようにサステナビリティを維持することにシフトすれば、総量形成という価値に対して、量から質への転換という逆転構造というものをやらなければならない。なぜかというと、気に入った顧客は何回も来るから、一人の顧客を一人としてカウントするのではなく、一回の顧客としてカウントすると、一人の顧客が一〇〇回来てくれれば、一〇〇回顧客で、物理的には一〇〇人というカウントと同じになる。しかし日本のように、顧客総数そのものが減少している中、顧客数だけを求めようと思えば、インバウンドを期待するような行動モデルとなる。しかしインバウンド政策は短絡的な販促であって、本質的ではない。メディア社会が教えてくれているのは、広告宣伝の話ではなく、何が求められ、何が取捨選択されているかに対する日々の変化というのは、どの潮流、どのストリームの中にいるのかということを把握することである。そうすると一人ひとりが自己存在の価値を引き上げるために、どこでどんな話を聞き、どこで学べばいいか、どんなものに自己投資しようとしているのかが掴めてくる。情報社会というのは、受信がありきの圧倒的学習社会であるから、コンテンツを考えたときに人々が要求しているのは、再学習という新しい構造であり、それに対する大きな流れが地球社会全体の中で起きている。

あなたの存在価値

我々がコンテンツとして学んだのは、ケース学習も含めて、メディアの嘘も本当も含めてすべてが学習であり学校だったということである。いまもその流れの中にいる。敢えて戦略的に考えると、学びに値する日本にするためには、ジャパンスモールスクーリングというのがいくつもあって、どの企業も村も学習するものをもっているということになると、学ぶことが一つの価値になる。

いいものだからということより、それがいいということをなぜ知っているのか。要するに、社会貢献という興味と関心が、フックをかけるためにそこにぶらさがっている。人が人のために生きる。それが幸福感の新しい姿だという認識が生まれる。大金持ちになっても幸せではないことは検証されている。大金持ちになったら、自分の欲を捨て、次世代社会研究に興味をもっている人をネットで探して、その人たちを繋いで投資をし、次の牽引力に繋げるという行動が求められている。拝金主義の国が多いが、金余り現象が株価をあげ、何もしない人が何かした人より儲かるような社会は、生活保護を受けているようなものではないだろうか。いかに働かないかと考えることは、一時はずることのように思いながらも、それが当然のことのようになると、社会がさらに格差で分断される。すでに社会は、大きくなりすぎて、家もお金もビルも価値が下がり、存在すら危うい。

そう考えると、やはり、そこであなたがどう考えたか、生きたか、が重要な視点になる。生きるとは何か、命とは何かという問いから、あなたの生き方そのものが、あなたの暮らし方、働き方、遊び方を決定する。そういう原点に戻していくような、あなたの存在価値は何かというような問いかけに対して、複合的な学習が、あなたの判断のレベルを上げることができる。これが情報学習社会のもっている特徴である。この認識をもって、大きな社会投資の対象として浮かび上がっているのが、メディアであり、このメディアという認識を掲げて、社会は、次の未来社会へ移行する。メディアがもっている意味を様々考えて、これもメディア、あれもメディアかと、再発見していくような流れをつくらなければならない。

例えば、スキー場を夏はどうするかという話がある。雪は白いから、様々な白い花の種を撒くというフラワーガーデンというアイデアなど、知恵を変化として活性化し、メディア化し、ニュースにするチャンスがある。これは、単にアイデアというより、スキー場を一つのメディアと見る認識力である。メディアというのは、何度も使うことができる。使用する度に魅力があるということである。スパイラルでありながら、ニューステージを常に提示することができるものである。そういうものをサステナビリティの大きなコアとして捉える。このことは、固定的なものに、また戻りたいという話とは違う。元に戻す復興ではなく、再生に軸足を移さなくてはいけない。

フクシマは、十年かけて、三〇兆円使って元に戻そうとしても、帰ってきた人が一〇分の一しかないという状態は復興といえるのか。もう補助金もないから補助金にたかった白アリもいなくなる。元には戻せないのである。

人は一人で生まれ、一人で死ぬ。情報化社会というのは、次の一人を見つけてバトンパスする社会である。一人の生き方が、誰かに影響を与え、個人と個人で伝承として繋がるとすれば、生き方や考え方、敢えて言えば人生哲学は、重要な社会財である。一人ひとりの人生における価値創造が稼働するようにコンテンツを考えると、茫漠としながらも、我々のライフデザインは、世界のため、地球のためという視点で顕在化してきている。

中間がもつゆるやかな価値

メディアが社会のなかで大きくなっていく要因は、中間の膨張である。中間とは、どちらかに決めつけないこと。いいと思ったらそれをやり、そうでないと思ったらやめればよい。決めつけは、柔軟性を失う。

例えば、災害のときに、全員が集まってから逃げるという決まりがある学校では先生も生徒も逃げ遅れてしまうということがある。しかし、生きるのはお前自身だ、いち早く山の上に登れと柔軟性を取り入れた災害トレーニングを日頃からやっているところは生き残ることができる。自由と自在性が我々の中で機能するために、自分で考えて、色々なプレッシャーを超えて、自分の命は自分が主人公だと思いきるような、存在証明をすることでしか次の世代のヒントを残すことにならない。

人々の興味関心は常に移動し、この間まであれほど関心があったものでも、社会活用ができなくなるという情報がある速度をもってバーを越えると、右を向いていたのに一斉に左を向く。そういう風に変化に対応して生き延びてきたのが、一五〇〇年の歴史がある日本が持っているサバイバビリティだと思う。そういう意味では、メディアコンテンツの中身は、細やかな構造というより、はっきりとした対立軸ではない、その中間がもっているゆるやかな価値が次のステージへ繋がっているということを理解しなければならない。その可能性は、あらゆるところに無限に広がっている。

日本は、様々な角度から検証されているけれど、いま注目されている検証は、聖徳太子の十七条憲法である。聖徳太子には不思議な逸話が多くあり、実際にいたのかどうかもわからない。馬小屋で生まれたという話から、キリストかもしれないとも言われているが、律令国家の中で一番の柱になっているのが、「和を以て貴しとなす」という、仲良くやれよということではないか。仲良くというのは中間ということであり、それぞれが納得して中和するというような思想が、時代を超えて継続力を発揮しているようにも思える。

こう考えると、決めつけて、右と左に正当があって、どちらかを選ぶということではなく、中間に寄り添うようにして、右に寄ったり左に寄ったりしてもかまわない。固執しない。固執が始まったときに、老害とかリーダーを変えるという論議が出るけれど、要するに、変化がエネルギーにならなくなった日というのが誰しもにやってきたときに、その心得があればいいのだ。価値あるコンテンツというのは、自分の中側に再学習しながら、時代の変化というものを生きていくという哲学が高く芽生えてくる方向に、牽引していくものであろう。

コロナ革命

人々の興味関心は、いま生命力、生命体、地球人、宇宙へと向かっている。この概念を引き継がないと、月は誰の持ち物かといういようなばかげた議論になる。いま海がゴミだらけになっているように、宇宙もすでにゴミだらけになりつつある。こういうことから脱却するためには、新しい視座の学習とか、本質論に対して学ぶ場がいる。それが、ニューメディアがもっている世界に広がる新しい学校である。アースメディアの卒業生が、次の地球社会を作るのである。

この、個と宇宙生命体とがリンクしていく社会を映しこんでいく潮流が広がる速度を上げるということに対して、コロナは『革命』と言ってもいい。学習効果革命である。我々が忘れがちな、しかし本質的な、常に流動し変化する生命体としての人間が、ネットワーク化され、広がり、自在にしていく社会の実現の速度を上げている。

ソーシャル・エンパワーメントとパーソナル・エンパワーメントを繋ぐ中間

を往復する旅人としてのメディア。この第三の価値観を引き受けていくのが、メディア・エンパワーメントであり、その認識を深めていくのがこれからの重要な着想である。

従来の規模やシステムやハードの奴隷のままでは、我々が捉えている次のビジョンとその力は、削がれていく。一人ひとりがミッションを果たしあう社会を作るために、あらゆる垣根を払って、エンパワーメントせよ。

我々はいま、もう一度生き直すような覚悟を持たなければならない。

〈ピックアップワード〉

時代と並走し、キーワードの風に帆をあげよ。これらはイマジナスの最近のキーワードからピックアップしたものである。未来へのヒントにしてほしい。

「イマジナス」は、谷口正和が時代のトレンドをキーワードにまとめて咀嚼し、関連する事例を整理した情報分析サービスとしてお届けする一週間単位のメディアです。一週間に発信されるあらゆる情報と、自らビジネスの最前線に身を置きつかみ取った情報を束ねて、直観分析しています。

▼地球知財

世界各地で生まれた新しい知恵やアイデアをグローバルナレッジとして活用していくこと。国や地域の分断を超え、あらゆるケーススタディをクロスさせヒントを受信し合う、そうした共生・共感の輪の中にいる。課題解決のトライアルを一層加速させていくためにも「地球知財」の認識が重要である。

▼本気論

ドイツのメルケル首相の「魂の演説」が各国メディアから絶賛された。情報社会において、たった一人の思いや発言が多くの人の心や行動に変化を与えるのは決して珍しくない。相手に信頼や共感を持ってもらうために必要なのは技術論ではなく「本気論」。本気の決意や情熱が人々の共感の連鎖を生み、本気で思い込むことによって現実を大きく引き寄せることができる。

▼自立型解決集団

国や企業といった大きな単位で語り合う社会から、個人という小さな単位に着目していく社会へと移行しつつある。一人ひとりが自らの得意領域を磨き、他者への貢献につなげる。そうした人たちが目的に応じてネットワークでつながっていくことで、一つの行動集団が生まれる。これが「自立型解決集団」であり、新たなドラマを作り出すためのネクストキャスティングである。

▼自分自身と向き合い、我が内なる旅へ

年齢や性別、立場や役職などによって「自分はこうあるべきだ」と決めつけるのではなく、ありのままの自分、自らの中にあるパーソナルな多様性を受け入れることが大切である。他者との比較から脱却し、独自な視点に対して自信を持つ、今こそ自分再発見の旅へと出発する時。

▼受信によって生まれる貢献経済

エコやエシカルといった認識が高まる中、自分たちに都合がいい物や情報を一方的に発信するのではなく、重要なのは発信の前に受信があるという認識が重要である。顧客の困りごとの解決が目的であれば、当然ながら顧客こそが出発点であり、何に課題を感じているか、まずはそこに耳を傾け、顧客に貢献することを目的とするコントリビューション経済へ。

▼学びにチャンスを得た時代

今回のパンデミックを経験し、国や他人の助けを期待するのではなく、日頃から自立力や自活力といったサバイバビリティを強化しておくには、一人ひとりの学び直しが強く求められている。物を売るのではなく学びを売るという学びのマーケットの発想が重要であり、生活者の中で高まる学びへの飢え、その潮流をしっかりと理解しておく必要がある。

▼私への逃亡

興味は外側に存在するように見えて実は内在するものであり、それゆえに自らへの問いかけが必要である。社会が大きく変化している今こそ、過去の価値観や常識によって閉じ込められた牢獄から抜け出す時。行き先の分からない放浪の旅ではなく、明確な「ありたい私」に向かって進んでいく。「私への逃亡」はそのことを後押しするキーワードである。

▼生命の世紀

あらゆる業種・業態が、食や住、あるいは地球環境など、生命に関連する商品やサービスを強化し、そこに対して優先投資していくことが重要である。どのようにすれば自分たちの企業の強みや特徴と「生命」を重ね合わせることができるか、それを探っていくことの必要性を表したキーワードが「生命の世紀」であり、これは同時に「未来社会のつくり方」ともいえる。

▼メディアスターター

新しい生活様式によってコミュニケーションが制限される中、これまでとは異なる伝え方や時代に合った表現方法が求められる中、あらゆるものがメディアとして立ち上がる「メディアスターター」の波が押し寄せてきている。事業やサービスも自らがメディアとなる、あるいは一人ひとりがメディア化するためのサポートが求められている。

▼都市の根っこ

これまでの都市は、高層ビルや大型店などに大勢の人を集めようとしてきたが、コロナによって、「生活村」単位の複合体へと全体を戻していこうという流れが出てきている。我々の「根っこ」は何か。根はコンセプトであると同時に、時をかけて育つもの。メインストリートのように表立って見える部分ばかりを美しく飾るのではなく、裏道横丁のように文化や歴史が根付く見えざる部分がまた重要である。

▼使命戦士の時代

企業活動には、儲かりそうなところに資金を投資するだけではなく、未来社会に対する使命を持って立ち上がる「使命戦士」に対して資金援助などのサポートをするという「パーソナル・エンパワーメント」の流れがある。企業もそうしたソーシャルミッションとしての使命を果たすことで事業の継続につながり、結果として利益が生まれる。

▼新しい生活主義

コロナ禍での行動として「新しい生活様式」と言われているが、表面だけを変えていくのではなく、よりコアの部分である「生き方」そのものを見つめ直していく必要がある。新しい生き方によって、新しい生活様式が稼働する。従来の経済主義的な思考から、自らの生き方を問いかける生活主義へ。仕事中心の暮らし方から、暮らしの中に仕事があるという認識の転換も含めて、今「生き方の選択」が問われている。

▼体験知財効果

阪神淡路大震災、東日本大震災から得た体験学習効果は何か、改めて整理や検証を行うことがいま必要である。圧倒的な負の体験であったとしても財に変えることができる、それが「体験知財効果」である。過去をなかったことにして従来のやり方に戻るのではなく、貴重な体験学習の機会と捉えて、進化・変態していく発想が求められている。

▼入れ替わる時間

今までの習慣という理由で継続してきたことに対して、本当に必要かどうか、惰性でやっている部分はないかを問いかける必要がある。過去の価値観や常識によって固定されてきた従来の時間割をリセットし、ゼロベースにして作り変えていく、そうすることで「ニューフリータイム」という新たな時間が生まれ、私たちの創造性やトライアル、課題解決の速度が促進されていく。

▼哲学市場

消費行動において、環境への配慮や社会への貢献なども含めて、自らの意思表示として消費するものを選んでいる。だからこそ、企業も社会課題に対する意思表示がなければ支持を得ることはできない。例えばファッションブランドも、表層的な美しさやデザイン性だけの商品がやり取りされるというよりも、思想や哲学がやり取りされている「哲学市場」が形成されているといえる。

▼未来の防人

何か問題に直面してから行動を起こしていては、結果として対応が後手に回ってしまう。中長期的な視点を持ち、先を見越して行動することの重要性を表したキーワードが「未来の防人」である。企業活動によって自然環境を破壊することが分かっているのであれば、「いずれやめる」のではなく「今すぐにやめる」というように一気に行動に移していくことが必要である。

▼メディアアウェアリング

テレワークが急速に進んだことで、メディアに映し出された自分を見る機会が増えている。客観的に映った自分を見て、より素敵な自分へと変えていく。その意味でメディアは、多様に変化する未来の自分を映す道具であり、「メディアアウェアリング」は自らの中にある多様性に気づき、社会や状況に合わせて姿かたちを変えていく自在性の大切さを表している。

▼アンビバレンス進化論

アンビバレンスとは相反する感情という意味で、このキーワードは一方的に流れを決めつけるのではなく、流動性を持って変化対応していくことの重要性を表している。最初は不満に感じていたことも、体験によって新しい習慣が生まれ、それを繰り返していくことで新しい体質が作られていく。そういう進化を促す大きなエネルギーとして「アンビバレンス進化論」のキーワードを認識しておきたい。

▼町の息づかい

家にいる時間が長くなったことで、これまでは気づかなかった日々の音や風景など、「日常の五感」に触れる機会が多い。食材を切る音や雨風の音など、日常や自然の中で発生する音が「町の息づかい」。動画サイトにも数多く投稿され、心地よさをもたらすコンテンツとして人気を博す。「町の息づかい」もまた都市や町が持つ美意識や感性といえる。より丁寧に足元を見ることの重要性が問われている。

▼拠点ハイブリッド

都会と田舎など、拠点を一つに限定せず複数持つような多拠点生活が増えつつある。そこに浮かび上がってきたのが「拠点ハイブリッド」。拠点移動によるトレーニングによって複合的な感性が身につき、判断能力や速度も高まっていく。集中価値から分散価値へと集まり方がリセットされる今日の重要なキーワードである。

▼VOF

「VOF」とは「Voice of Future」や「View of Future」を省略した言葉であり、未来を見聞きすることの大切さを表している。

国や企業には、「耳づくり」というような、未来の若者たちの声をしっかりと受信する仕組みが求められている。その一方、声を発する若者も大人が聞いてくれないと諦めるのではなく、聞いてもらうために何をすべきかを考えることが必要である。

▼未来は少数派

あるコミュニティの中では少数と思われていても、広い視野で見ると大きな集団を形成することもあり、その声が新しい気づきとなって共感を呼ぶことがある。多数派の意見ばかりに耳を貸し、一般論や平均値を追いかけるだけでは、従来の延長線上から抜け出せない。今、社会の中でどんな少数派が生まれているか、それを見逃さずにしっかりと声をすくい上げていくことが未来の社会を創ることにつながっていく。変化が起きるのは常に少数派からである。

▼ざっくり感覚

答えや正解がないと言われる今の社会では、間違いを恐れず果敢に仮説検証していくことが必要である。そのためには、決めつけたり断定したりせず「ざっくり感覚」のアバウトさを持って物事を捉えていくことが大切である。国や民族、年齢や性別などあらゆる区別や区分けの概念を超えて、プレーンでニュートラルなポジションが、変化対応において求められている。

▼大学習時代

新型コロナウイルスによって、私たちは全員がサバイバリストとなる必要性を強く認識した。そのために必要な知恵やアイデアを体験学習を通じて生み出していく、いわば「フィードバックスタディ」が求められている。「大学習時代」のキーワードは、そこで何を学んだか、そして未来をどう生きるか、そのことを問いかけている。

▼イノベーションウェーブ

ＳＤＧｓでも示されているように、誰一人取り残さず全ての人々にとってより良い社会の実現を目指していく中、世界各国で起こった運動や社会変化が大きな改革の波となって地球全体へと広がっていくことを表したのが「イノベーションウェーブ」である。これまでの認識を反転させる改革の波をしっかりと認識しておかなくてはならない。

▼マルチタレンチズム

副業やパラレルキャリアなど、本業以外に複数のキャリアを築いていく働き方が顕在化している。主軸としているキャリアに寄りかかるのではなく、複数を同時に取り組んでいくことによって自らの多様性が広がり、唯一無二の存在証明として確立されていく。事業やサービスにおいても、「マルチタレンチズム」を促進するような学びの仕組みが重要である。

▼変化の隙間

社会構造の変化によって一人ひとりの意識が変われば、これまで惰性で持ち続けていた物や関係性などが切り捨てられ、本当に必要なものが明確になる。未来社会へと継承していくものだけが残っていく取捨選択が、この「変化の隙間」の持つ意味である。変化によって生まれた「隙間」に次の社会に対するビジョンをかかげ、新たな発想力や創造力によってブリッジをかけることが未来へのスタートアップとして求められている。

▼クリティカルフィードバック

自分にとって肯定的な意見だけでなく、批評や批判などにもしっかりと耳を傾けることの重要性を表したのが「クリティカルフィードバック」である。それぞれが異なる視点や思考でフィードバックし対話を深めていく、それこそが「知のディスカッション」であり、新たな課題も見えてくる。

▼ポジティブ「NO」

生き方や働き方が大きく変化する現在において、過去の価値観や常識に引きずられ同じことを続けるのではなく、そうした行動に対して明確な意思を持って「NO」ということが大切である。その際に主体となるのが唯一無二の存在である自分自身であり、だからこそ自らの中にある思いや興味・関心に逆らわず、トレーニングによって磨いていくことが重要である。

▼裏方主役

流行や人気を集めるサービスや商品に対して、表面だけを見るのではなく、何がフックになって多くの人たちの心を惹きつけているのか、その裏側にあるストーリーや人々の感情を読み取っていく能力が求められている。見えていない部分にこそ経済活性につながるヒントが眠っている、このキーワードはそのことを教えてくれる。

▼ギャップ・インタラクション

多様性やダイバーシティが広く認知されつつある現在、個性の相互作用の重要性を表したキーワードが「ギャップ・インタラクション」である。変わった考えや少数の意見の中にこそ、新しい未来社会につながるヒントがあり、そうした人たちとの相互作用を繰り返していくことで、自分の中の固定観念がなくなり、どんな変化にも対応できる柔軟性や新しい発想が生まれてくる。

▼自己結界

日本は未だに同調圧力が強く働きすぎる傾向にあるが、「自己結界」は他人と同じであることや一般論を求める周囲の意見や価値観に左右されるのではなく、自分自身の内側に耳を傾け、自らの意思を持って生き方を選択していくことの重要性を表したキーワードである。あらゆる問題解決を国や大企業に任せるのではなく、自分やその周辺の課題は自らで解決できる自主自立の体質を身につけていくことも大切である。

▼根幹進化論

企業活動において最も重要なのは「コンセプト」であり、企業が掲げるビジョンや思いに共感した人たちが集まってチームができ、また顧客もそれを応援したいという思いから商品やサービスを購入するようになる。大切なのはミッションや目標設定。何をミッションとして取り組んでいるのかを見失わず、「考える組織」へとシフトさせ、設定に合わせて柔軟に変化させていくのが企業の進化へとつながっていく。

▼転びの学習

どんなに優れた知恵やアイデアであっても、それを使わなければ意味がない。小さくてもいいからまずはやってみる。そこで失敗してもすぐに立ち上がり、軌道修正をしていけば、成功や失敗を超えた「学習効果」を得る。実際の行動の中にこそ貴重な体験学習が眠っていることをこのキーワードは教えてくれている。

▼仮想先行シミュレーション

想像力を磨くことが創造力につながる時代だからこそ、大切なのは未来に対するスケッチを描く力。こうした未来のスケッチ力を強化するためのトレーニングとして必要なのが「現場構想力」である。自らが現場に立ってリアルなシミュレーションを繰り返し行い、そこから得た気づきやヒントを一般論としてではなく、自分自身の未来に反映させていくことが大切である。

▼フルシンプルナイズ

あらゆる場面でシンプルであることが求められている。できる限りプレーンな状態に近づけていくような「最小最適化」は、事業やサービスの成長戦略としても非常に重要である。使ってないのに保有し続けたり、必要以上に大量に作ったりするのではなく、徹底的な厳選圧縮によって余剰をなくし、新たな可能性となる余白を生み出していく。

▼覚悟の旗

誰もが自由に発信できるメディア社会において、個人が勇気を持って声をあげるといったケースも増えてきており、このことをキーワード化したのが「覚悟の旗」である。周囲との違いや批判を怖れず、勇気を持ってさらけ出すことによって「個性価値」を強化させ、自らのキャラクター性を高めていく。あなた自身を閉じ込める壁を、強い覚悟と勇気、そして唯一無二の固有性によって打ち破っていくことが大切である。現状維持を良しとせず、少しでもいい社会に変えていきたいという未来志向の強い意思が求められている。

おわりに

次の社会をどんな社会にしたいかと考えるときに、ないものねだりをしても仕方がない。エンパワーメントとは、すでにあるものをリポジションし、もう一度力を与えることである。固定観念を捨て、足元を見つめ直し、視点を変え、活力の再編集をしていけば、一気に変革の可能性はでてくる。

『あなたが変われば、世界が変わる』ということに、自分自身を位置づけて、人生のシナリオ、全体像を見直してほしい。あなたの中にある無限の多様性、資源、可能性は、あなたの構想力によって発見できる。そしてそれを社会化することが、来る未来の新しい活力となる。

いま我々は、富の仕分けと偏在という、資本論から生まれた論議から、次の時代への移行の過渡期にいる。これから我々は、経済のためになったかということよりも、未来社会への貢献のために機能したかという問いかけに符合して、進化していくだろう。それは、百年も生きられない人間が、何億年先の地球の未来を想像することでヒントを得るということに軸足を持てるか、ということも意味する。

そうしたヒントを共有することによって、次の社会で生きるあなた自身のエンパワーメントについて、一人でも多くの人に思いを馳せてほしい。そして、それが他者への貢献としてのエンパワーメントであるということを一つのプログラムとして理解してほしい。

私自身も、ハッピー・エンパワーメントに向かって、この本に共感するみなさんと共に考え、歩いていくことを楽しみにしている。

谷口正和

谷口　正和（たにぐち　まさかず）　*Masakazu Taniguchi*

マーケティング・コンサルタント
株式会社ジャパンライフデザインシステムズ 代表取締役社長
1942年京都生まれ。武蔵野美術大学造形学部産業デザイン学科卒業。
立命館大学大学院経営管理研究科感性型マーケティング担当教授（2003年4月〜2013年3月）／客員教授（2013年4月〜2020年3月）
東京都市大学都市生活学部創学アドバイザー・客員教授（2009年4月〜2013年3月）
武蔵野美術大学評議員（2015年4月〜現在に至る）
桑沢デザイン研究所デザイン専攻学科ワンデーミッション講師（2010年4月〜現在に至る）
日本小売業協会生活者委員会コーディネーター、石垣市観光アドバイザー等務める。

生命、生活、人生の在り方を問う「ライフデザイン」を企業理念そのものとし、地球と個人の時代を見据えて常に次なるニューモデルを提示し続ける。コンセプト・プロデュースから経営コンサルテーション、企業戦略立案、地域活性計画まで幅広く活動。

独自の情報共有のプログラムとして、時代を週単位で直観分析し続けている週刊「IMAGINAS（イマジナス）」は、ウィークリー情報分析誌の草分け的存在。

モノや技術ではなく、思想・哲学・表現・文化など精神的な価値が優先した新マーケット・パラダイム『文化経済』市場を見据え、20年前から多種多様の業種業態が混合した学習共有会として「文化経済研究会」を発足し、会員制ワークショップとして運営。また、地域社会と歴史、地域社会と環境といった、地域特性という文化的価値を発見する江戸美学研究会・ハワイ・ライフスタイル・クラブ等のクラブマーケティングを実践。興味関心を深堀する同好の志の共学の場として、クラブエコノミーという概念を稼働させるプログラム事業を運営。さらに、自らの故郷・京都で始めた千年の歴史的視座に対する研究室として、「構想の庭プロジェクト」を主宰する。

イマジナス：次なる構想力を求めて▼新しいコンセプトワーク

IMAGINAS

次なる構想力を求めて 新しいコンセプトワーク
「イマジナス　IMAGINAS」

絶え間なく変化し続ける感性型時代の中で、ソーシャルトレンドの発見は、次なるビジネスの創造に他ならない。そこに広がるビジネスは、無限の可能性を秘めている。「イマジナス」は、一週間に発信されるあらゆる情報に加え、ビジネスの最前線に身を置きつかみ取った情報を束ね、直観分析したソーシャルトレンドを谷口正和が3つのキーワードにまとめて咀嚼し、関連する事例を整理して分析サービスとしてお届けする一週間単位のメディアです。年50回、毎週月曜日の朝に配信いたします。

■5つの会員特典
①谷口正和の著書を無料贈呈
②文化経済研究会セミナー通常1回2万円（税別）を1万円（税別）で年1回ご優待
③IMAGINAS編集会議に年1回無料ご招待（通常1回3千円税別）
④谷口正和によるメールコンサルティングサービスを年1回無料受付
⑤IMAGINASをまとめたデータベースでの検索サービス

配信：毎週月曜日午前9時　メール（PDFファイル添付）またはFAX
年間購読料：5万円（税別）、〈トライアル版〉・〈学割版〉あります
体裁：カラーA4判4枚

■お問合わせ先
株式会社　ジャパンライフデザインシステムズ
IMAGINAS編集部　緒方
東京都渋谷区南平台町15-13　帝都渋谷ビル　〒150-0036
Tel：03-5457-3033　Fax：03-5457-3049　E-mail：fp@jlds.co.jp

The Laboratory for Cultural Economy

谷口正和が主宰する勉強会「文化経済研究会」
The Laboratory for Cultural Economy

21世紀を牽引するものは「文化」です。文化経済社会の価値観と市場と経営戦略を学ぶ。

文化が発生して、その後に経済が起こる。個人文化、サービス文化、ライフスタイル文化、観光文化、コミュニティ文化、それらの文化群が一斉に花開き、市場に全く新しい経済を発生させています。本研究会では、文化経済の視点からマーケットに新しい価値を創造した人、次世代ビジネスを実践している企業や起業家を講師に迎えながら、我々が直面する企業課題を紐解き、新しい時代に求められるべき発想と経営戦略を指し示していきます。

■基本会員　年会費8万円（税別）※入会金不要
会員特典①定期セミナー年4回参加・毎回社内2名様まで参加可能
②研究会会員誌「ライフデザイン」年4回購読
③谷口正和著書を無料贈呈

■メディア会員　年会費2万円（税別）※入会金不要
会員特典①研究会会員誌「ライフデザイン」年4回購読
②セミナー年1回参加無料

■セミナー単発参加料：お一人様2万円（税別）

■お問合わせ先
株式会社　ジャパンライフデザインシステムズ
文化経済研究会企画運営事務局　池
東京都渋谷区南平台町15-13　帝都渋谷ビル　〒150-0036
Tel：080-4837-1586　Fax：03-5457-3049
E-mail：bunkaken@jlds.co.jp　詳細・お申し込み：http://www.jlds.co.jp/labo/

クラブマーケティング　CLUB Marketing

「素敵な時間の過ごし方」をキーワードとした、特定の興味軸からなるマーケティング事業。それぞれのクラブに興味があるメンバーを集めて活動しています。会員に主体的に楽しんでいただけるよう、ウェブサイトやSNSを通した情報発信に留まらず、イベントや出版活動を通してより広い接点を生み出し、新しいマーケット創造にチャレンジしています。

■ハワイ・ライフスタイル・クラブ https://hawaiilifestyle.jp/
ハワイに魅了された人たちの日常の中にアロハの風を届ける活動と情報発信、グッズ制作・イベント企画

■江戸美学研究会　http://www.jlds.co.jp/ebiken/
江戸文化の美意識をデザインやライフスタイルなど多様な角度から研究する

■セルフドクタークラブ http://www.selfdoctorclub.jp/
自分の健康を自分で守るセルフメディケーションの実践学習型クラブ

■島ぐらし研究会 http://www.jlds.co.jp/sdc/cat286/
固有の文化が育まれた島の暮らしに着目し、新たなライフスタイルを発信

■温育チャレンジ https://on-iku.jp/
多くの女性の悩みである「冷え」に対し、企業とのコラボレーションで衣食住を研究する

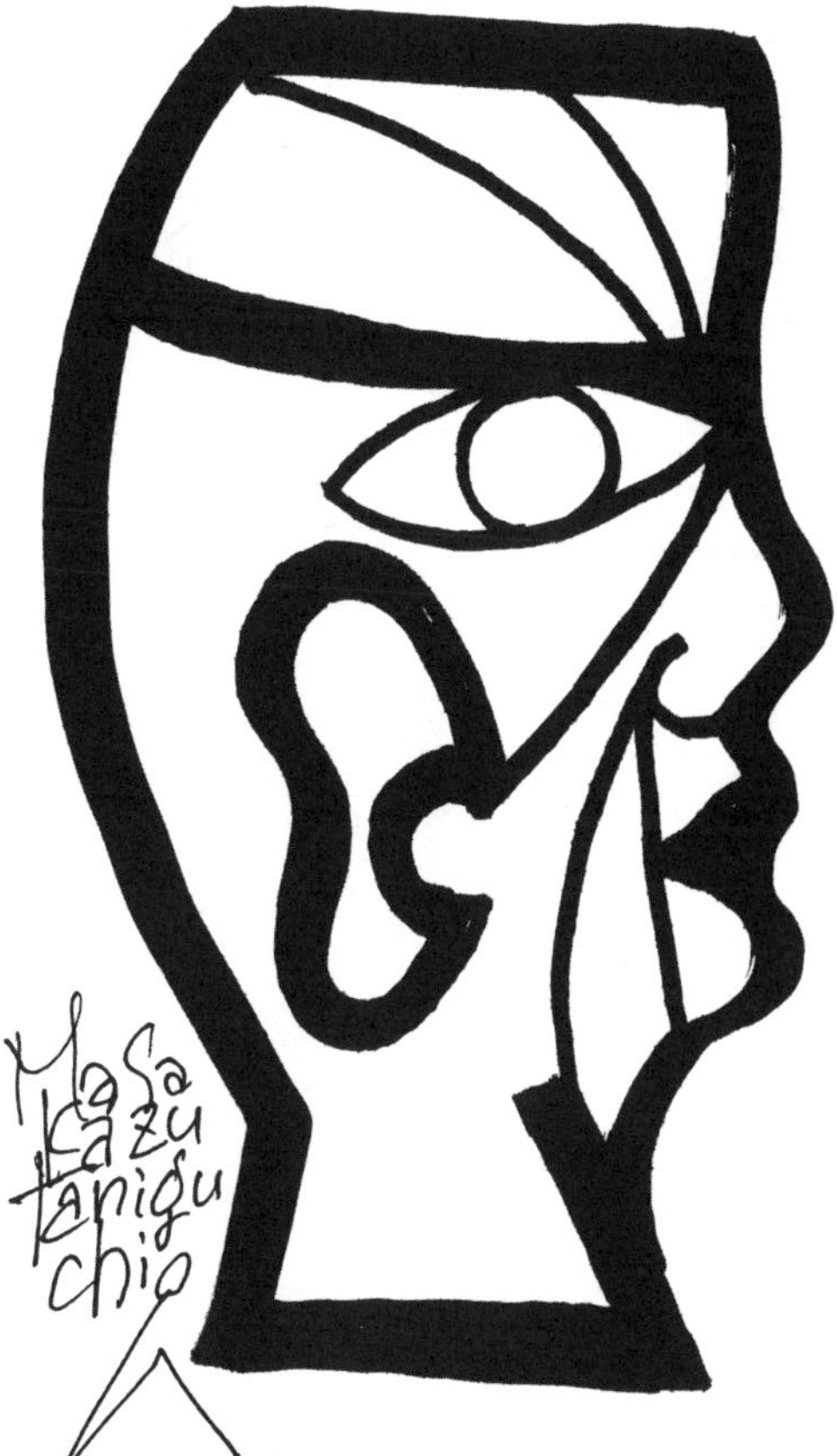
Masa
kazu
tanigu
chi

LIFE DESIGN BOOKS

谷口正和の本

http://www.jlds.co.jp/book/

二分の一革命
Half & Half Revolution

コロナ・パンデミックという世界的カオスの中から我々がどう立ち上がり、次のパラダイムのために、どのように行動すべきなのか。そのヒントとして、すべてを二分の一にするという視点から未来像を模索する。

■判型：新書　■総頁：２１１頁
■定価：７００円（税別）

何が資産か。
What's resource

自分の価値は社会化されて初めて気づく。社会化された知見と美意識は、新しい未来を手繰り寄せる。今こそ自縄自縛の殻を打ち破り、自己資産の戦略的運用に取り掛かろう。

■判型：新書　■総頁：１６６頁
■定価：７００円（税別）

Free Style Shift
溶解する社会

日本型ビジネスモデルが内部崩壊（溶解）し、破壊的創造が繰り返されている今、働き方の再構築が始まった。場所を問わず、自在に流動しながら働くこれからのワークスタイルを紐解く。

■判型：新書　■総頁：１９２頁
■定価：７００円（税別）

100年の旅人

人生100年時代、創造的に面白く暮らしたい。そのための生き方革命が始まっている。絶好のチャンスがやってきた。あなた自身の興味と好奇心に導かれ、冒険と発見の旅立ちへ。

■判型：新書　■総頁：187頁
■定価：700円（税別）

構想の庭

1000年先、どのような社会が訪れるのだろう。その「構想のヒント」を得るため、各界を代表する12人のオピニオンたちをインタビュー。彼らの言霊から紡ぎ出される未来社会に迫る。

■判型：新書　■総頁：304頁
■定価：1000円（税別）

Tourist Society

旅化する社会

変化し続ける社会、生活者自身もまた変化している。「観光」という概念を「移動と交流」に認識転換させたとき、これまで見えていた風景は一新し、新しい社会の姿が浮かび上がってくる。

■判型：四六判　■総頁：280頁
■定価：2000円（税別）

文化と芸術の経済学

特徴が文化となり、文化が芸術となる。個性の時代の対話力。21世紀の経営は文化と芸術を足場に、その継続力の中にある特徴への着目が問われる。あなた自身が商品である。

■判型：新書　■総頁：１７７頁
■定価：７００円（税別）

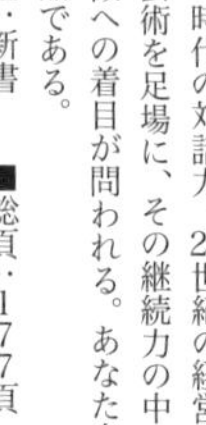

動態視力

すべてのものは動いている。すべてのものは変化している。ライフスタイル全体を見渡すアスリートのごとく、周囲の環境にコンマゼロ秒以下で対応していかなければならない。

■判型：新書　■総頁：１９２頁
■定価：７００円（税別）

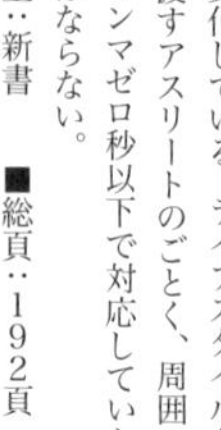

２０２０新しき革命

２０２０年に向けてスポーツのみならず観光、芸術、産業、生き方までもが変化しつつある。次なる地球社会のあるべき姿を示すメディア交差点としての役割を我々日本人が引き受けている。

■判型：新書　■総頁：１９４頁
■定価：７００円（税別）

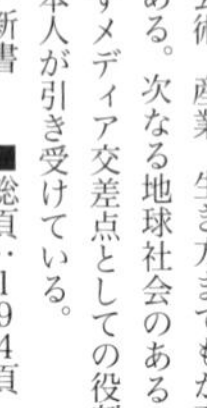

幸福の風景

物質社会に疲弊した今、生活者の要求は物理から心理に軸足を移した。日常の最小単位にこそ幸福の芽があるということへの着眼が求められている。未来を照らすライフデザイン構想。

■判型：新書　■総頁：１９８頁
■定価：７００円（税別）

直感する未来
都市で働く女性１０００名の報告

女性が働くことが当たり前となった現代社会。都市で働く女性分析から浮かび上がってきたのはロールモデルを必要としないという新しい価値観だった。現代女性に見る新たな経営戦略を構想する。

■判型：四六判　■総頁：３４０頁
■定価：１５００円（税別）

七つの泡

高度情報社会は生活者に多様な価値観をもたらした。刻一刻と変わり続ける価値観を紐解き、「今」見ることができる七つの変化を中長期的な視点で分析し戦略化する。

■判型：新書　■総頁：１９８頁
■定価：７００円（税別）

ライフデザインブックス新書

EMPOWERMENT エンパワーメント・プログラム

２０２１年８月16日　初版第一刷発行

著　者　谷口正和
エディター　村上理恵
クリエーター　石川勇一郎　中川梨恵
イラスト　鈴木麻莉菜
発　行　谷口正和
発行所　ライフデザインブックス
株式会社ジャパンライフデザインシステムズ
〒１５０‐００３６　東京都渋谷区南平台町15‐13　帝都渋谷ビル
TEL　０３‐５４５７‐３０３３
FAX　０３‐５４５７‐３０４９
http://www.jlds.co.jp

印刷・製本　株式会社サンエムカラー

ISBN 978-4-908492-93-8